病の神学

ジョン＝クロード・ラルシェ

二階宗人 訳

教友社

病の神学　目次

凡例

＊本文中の［　］は著者による補足であり、〔　〕は訳者が補ったことを示す。また本文中の聖書の引用箇所を示した［　］内は諸文書略号を使用している。

＊著者による原文の引用は、新約・ヘブライ語聖書を含め、本書のフランス語原文に従って訳した。

＊キリスト教会等で広く使われている訳語であっても、本書の趣旨に照らした訳語を用いた場合がある。正教会独自の訳語もこれに原則として準じた。

＊人名索引の人名は原則としてギリシャ語表記にもとづいた。

序文

生きていて病気を患わない人間はいない。病気は、人間であることの条件と不可避的に関連づけられている。完全に健康な器官はない。健康とは、わずかながら優位を保つ人間の生命力と、これに抗するほかの力との一時的な均衡にすぎない。マルセル・サンドライユ教授はその『病気の文化史』[1]のなかで次のように記している。生命は「その本質からして死にたいする一時的な挑戦である。われわれの各細胞は、それを破壊しようとする力との絶えざる闘いによってのみ持ちこたえている。すでに若いころから、われわれの身体組織には崩壊したり摩耗したりした部位がひろく存在する。それらの組織の死期［……］を早めることになる要因がすでに誕生の段階から刻み込まれている。病気は、持続する肉体のその筋書きの一部となっている。健康という装いのもとですら、生物学的な諸現象は、正常の範囲をたえず超えている。病因の発現が生命のもっとも基本的な営みと組み合わさっていることは、医師が日常的に観察している事柄である」。自分が健康であると思うまさにそのときに、病気はすでにわれわれに潜在するのであり、ある抵抗力が弱まるだけで、それはなんらかのかたちをとって発症する。われわれがそれと気づく前に、病気はときに重大な事態を引き起こしていることもあるのである。

どの病気もわれわれに苦痛をもたらす。その大半がわれわれを肉体的、精神的に苦しませる。いずれの病気も霊的に苦しむ原因となる。というのは、病気はわれわれの生存条件のもろさを、ときに残酷なまでに思い知らせるからである。また健康とか生物学的な生命が、いつまでも保持できる善き事柄なのではなく、この世におけるわれわれの肉体は衰え、老悴するのであり、ついには死を運命づけられていることを、病気はわれわれに思い起こさせるからである。

この見地からして、病気はだれもが避けて通ることのできない一連の問い、すなわち、なぜなのか、なぜ自分なのか、なぜいまなのか、いつまでなのか、自分はどうなるのか、といった問いを投げかける。

あらゆる病気は、それが抽象的でも不条理でもない、むしろしばしば引き裂かれるような存在論的な経験として心に刻まれるほどに、いっそう強烈で、深く重みのある問いかけとなる。多くの場合、この問いかけは決定的な事柄となる。というのも、死がふだんよりもいっそうはっきりと姿をあらわすのが病気であるときであり、病気はわれわれの存在の土台とか枠組み、様式をはじめとして、保たれている均衡や意のままに使える心身の能力、自分たちの参照枠がもつ価値、他者との関係、そしてわれわれの生そのものを、多かれ少なかれ、つねに問い直すものとなるからである。

病気は身体だけの、しかも一時の出来事であるどころか、多くの場合、われわれの存在と宿命の全体を巻き込む霊的な試練となる。

われわれはこの試練になんらかの方法で立ち向かい、病気とそれにともなうさまざまなかたちの苦しみを引き受け、それが提起する問題にたいして理論的な、しかもとりわけ実地的な解決策をみつけださなければならない。各人は生きてゆくとき、病気や疼痛のことを考えに入れるだけでなく、それらに直面しても生きつづけ、またそれらにもかかわらず、もしくはその渦中にありながらもおのれの生を成就しなければならないのである。

もちろんそれは容易であるはずがない。というのも、病気は通常、われわれを非日常的な状況に陥れるからである。われわれの生活条件は変わり、強いられる孤独によって近親者との関係は混乱し、しばしば絆が薄れる。しかも痛みだけでなく、不安や失望、苦悶や絶望とも向き合わなければならない。そしてこれらの困難に多かれ少なかれ、ひとりで立ち向かわなければならないか、そうすることしかできないとたえず痛感させられるのである。

そのようなとき、今日のわれわれは先祖たちに比べてあらゆる点で非力である。

現代の医療は、たしかにきわめて高度な科学的な知見や技術をもち、社会的にも整備されている。このため予防や診断、治療面できわめて有効である。かつて猛威をふるった多くの病気が今日姿を消している。祖先たちがながらく苦しむか、まったく不治であった疾患を、いまではすみやかに治癒することができる。以前であれば避けられなかった苦痛を軽減してもらうこともできる。だがこの進歩には限界があるだけでなく、裏の面があることを、よく理解しておく必要がある。そうした裏の面は、たしかに医学そのものよりも、場合によってその利用や発展を支える諸価値、さらにはイデオロギーに起因するのである。

医学の発展は、完全な自然主義の見地に立つことによって、病気を対象化した。それは次第に、病気を医学自体のなかで、あるいは医学自体のために考えられた現実とし、純粋に生理学的な筋立てに仕立てるとともに、病気に冒された人間とは関係のない客体とした。人間を手当てするかわりに、いまや多くの医師が疾患もしくは器官を処置している。これに、いっそう定量的で抽象的な診断法や、ますます専門的な治療手法が加わる。その第一の帰結は、それが医療行為をいちじるしく非人格化させ、病人の精神的な動揺や孤独を深めたことである。第二の帰結は、病人からその病気と疼痛を奪いとり、そのようにして病気と向き合う手立てを失わせたことである。じっさい今日の医療は、病気や痛みをもっぱら生理学的な性質の、そしてそうである限り、どこまでも技術的な、しかも身体の範囲内で治療を施すべき自律的な現実として捉える。そのため病人が病気や痛みを受け入れるように手助けすることはまずない。反対に、今日の医療は、病人の病状や運命が完全に医師の手中にあると思わせるようにする。そして幾重もの苦況にはもはや医学的な解決しかなく、医学による治癒と痛みの軽減をおとなしく待つほかに、自分の病気と苦痛を生きる方策はないと病人に思わせるのである。

しかもこうした趨勢を、現代の西欧文明を支配する価値観が助長する。人間にとって唯一可能な生き方と考えられた生物学的な生命が過大評価される。また豊かさを享受させるものとして、もっぱら物質的な観点にもとづいた、それゆえ身体が重要な手段として登場する心身医学的な健康が過大評価される。そこにはその享受を危険にさらしたり、減じたり、失わせるかもしれないあらゆる事柄にたいする不安がある。あらゆる苦痛の拒絶があり、文明や社会的な合目的性を強調する緩和ケアが興隆し[2]、存在の絶対的な消滅とみなされる生物学上の死が恐れられる。これらすべての事柄が、医療による救済を多くの現代人に待望させ、医師を現代の新たな祭司へと祭り上げる。[3]彼らは人びとの生死を決める君主となり、運命の預言者となる。これらすべてが、また今日の医学や生物学、遺伝学の一部にみられる異常な手法を説明する。しかもそれらは、われわれがしばしば思い描くような科学や技術の本来的な進歩に沿うものではなく、時代精神に合致した、需要を充たし、自分たちの不安に応えるためのものとなっているのである。

障碍のない、原初の健康〔*santé d'origine*〕[4]の復元された社会において病気と苦痛が完全に消滅するという期待は、科学技術の無限の進歩にたいする確信と結びついて十八世紀末に生じたが、それがこれまでになく高まっている。しかも現今の遺伝学の発展は、十全な操作によって人間の本性からその不完全性を生物学的に浄化し、死そのものさえも最終的に克服できるかもしれないことを信じられるようにもした。

これらの趨勢は、人間に深く根をおろす確実な渇望をおそらく物語っている。それは、深く隠された、人間の本性とは異質であると当然ながら考えられる死を、免れたいという渇望である。自分の生存条件の限界を超えたいという渇望、不完全などではない生命に到達し、なにものにも妨げられずに光り輝きたいという渇望である。だがこれらの渇望を満足させる解決策を、科学や医学、生物学の技術に期待するのは幻想ではなかろうか。

まず指摘しておかなければならないことは、医学の進歩によって多くの病気が姿を消したとしても、それにかわってほかの病気が出現したということである。[5] 医学の進歩や物質的な生活条件の全般的な向上によって、先進国における人間の平均寿命は著しい伸びをみせた。しかしながら数年前からほとんど横ばいとなり、超えることのますます難しい限界があることを示している。しかも統計学的に計算された「平均余命」は個々人にとってまったく意味をもたず、その限りでは統計学の「支配」の外にある。同様に、疾病や死亡数の大半が今日、予測困難な偶発症候と関係し、その犠牲者の驚くべき数はかつての疫病によるものをときに思い起こさせるほどなのである。苦痛にかんしていえば、これを取り除いたり効果的に緩和したりする処置はあっても、強い疼痛ともなると、病人の意識を低下させるか限定したり、もしくは失わせたりするのであり、病人の自由をさらに制限するのでなければ完全に鎮静することはできない。これだけでも現代人の希望がもつ、その危うい土台はすでに明らかである。この永続する神話に対峙するのが、何百万という人びとが日常的に受け止めている病気や苦痛、そして死の現実である。それらは、人生においてしばしば「夜の盗人のように」〔一テサ5,2〕、不意に訪れるのである。

さらに医学や生物学、遺伝学の新たな技術は、それらが解決する以上の問題を生みだすものであることを理解しておく必要がある。もしいかなる規制も設けなければ、それらが実現するかもしれない「最善の世界」〔*meilleur des mondes*〕は、それらに盲目的に身を任せる者たちを引き寄せる楽園であるよりも、むしろ地獄に似たものとなるにちがいない。じっさい、それらは増幅するばかりの非人格化に向かって進行しているかにみえる。というのも、それらは人間の病気や苦痛を、独立した実体や純粋に技術的な問題に変えてしまっているからである。あるいは、それらがときに人間を実験材料にし、その者の負担を軽減することよりも、むしろ科学や技術の進歩そのものを目的としたり、場合によっては宣伝目的と結びついた目覚ましさの追求であったりさえするからである。またそれらが生命や死そのものを、たんなる技術的な産物にしようとするものであるからである。そしてそれらが、受胎から死ぬときまで、人間にとってぜったいに欠かすことのできない人間関係や人間の根源的な価値を看過するものであるからである。

　これにくわえて、今日の医療行為の大半は、人間をまったくの生物学的な有機体か、より高い評価をくだしたとしても、たんなる心身の合成体とみなして取り扱うという共通点をもつ。そのため、それらの医療行為が、ある面で有効であるにもかかわらず、きわめて破壊的な作用を人間に及ぼさざるをえない別の一面をもつ。それは現在の医療行為が、人間を根源的に特徴づける霊的な次元を、暗黙のうちにないがしろにしているからである。たしかに生物学的な現実という意味での人間の身体は、生命組織の機能を支配する自然界の理法に服している。しかしそうであるにしても、人間の身体をほかの生命組織と同列に扱うことはできない。なぜなら人間の身体は人格をもった身体であり、それを損なわずには分離することができないものであるからである。身体は、現実のその存在条件において、人間をすでに動物以上のものにしている複合的な精神的要素と不可分である。それだけでなく生物学的な次元よりもいっそう根源的といえる霊的な次元とも切り離せないのである。身体は、それ相応に人格をあらわすだけでなく、ある程度まで人格そのものである。人格は**身体**を**もっている**だけでなく、たとえ両者の境界を無際限に超えるにせよ、その身体の本体部分なのでも**ある**。それゆえ身体にかんするあらゆる事柄は人格そのものを包含する。人間のこの霊的な次元を考慮せずに病気を治療しようとすることは、その者に深刻な害を不可避的にもたらす。またこの者が自分の病状を有益なものとして受け入れたり、直面しなければならないさまざまな試練を乗り越えたりするのを支えるあらゆる手立てを、しばしばあらかじめ断つことになるのである。

つづくページで本書は、主として聖書や教父に由来し、述作された教説にもとづいて、これまでほかに類例をみることのなかった、病気や苦痛、また治癒の様態や健康そのものにかんするキリスト教神学の諸基礎を総合しようと努めた。

本書が、そうした意味で、病気とそれにつながるさまざまなかたちの苦痛にとどまらず、治療法や治癒、そして健康そのものについて、今日の人間の理解に役立つ展望を開くか、もしくは呼び覚ます一助となれば幸いである。この展望には、技術や物質的価値に支配されたわれわれの文明がひろく提示している枠組みよりもいっそう長い射程があり、今日の人間にそれらの事柄をよりよく受容させるものとなるはずである。まずもってキリスト者が、重要なこれらの経験を神との関係の枠組みのなかにいっそう明確に位置付けることができるために、本書が役立つことを願っている。これらの経験は、神との関係の枠組みのなかにこそ、あらゆる人間的現実と同様に、占めるべき場所をもたなければならないのである。

第一章　病気の淵源へ

原初の「完全性」

神が「見えるものと見えないもののすべての創造主」〔コロ 1, 16 参照〕であるとしても、もろもろの病気や苦痛、そして死の造り主であると考えることはできない。教父たち全員がそのことを明言している。聖バシレイオスは、その説教「神は災いの原因ではない」のなかで次のように述べている。「神がわれわれの災いの造り主だと信じるのは正気の沙汰でありません。こうした冒瀆は〔……〕神の善性を損なうものです」[1]「病気は〔……〕神の手になる仕業ではありません」[2]「魂をつくっても罪をつくらなかったように、神は身体をつくっても病気をつくりませんでした」[3]。同様に「神が死をつくらなかった」[4]こともまた明白である。われわれのはかない運命、人生の短さ、われわれの痛ましい状態、肉体と精神のあらゆる種類の病気を患いがちであること、それらを取り上げて人間が神の像《かたち》に創造されたとする聖書の言明に反駁する人びとにたいして、ニュッサの聖グレゴリオスは次のように答えている。「人間の命の現状がもつ不条理な性格は、「神の像と結びついた」善き事柄を人間が一度ももちあわせなかったことを立証するものではありません。じっさい人間は神の創造物であり、神の善性から霊感を受けて生きてゆく存在にされています。そうである以上、道理として、神の善性によって存在することを許された者がその創造主によって災いに陥れられた、と疑えるはずもありません。われわれの現在の条件と、そしてもっとうらやむに足る状態を奪った喪失には、ほかに原因があるのです」[5]「［現状の］人間の本性がもつ脆弱性に必然的に加わる肉体の苦しみを理由に、神を災いの創造者と呼んだり、われわれの苦しみの責任を神に負わせないために人間の創造主という呼称を断じて認めなかったりすることは、もっとも卑小な精神を示すものです［……］」[6]。証聖者の聖マクシモスは「神は人間の本性を創造するにあたって、そこに痛みを取り入れませんでした［……］」[7]と強調する。また彼は、人間がのちにもつことになる受苦性や腐敗性、そして死が、神からのものではないことを力説する。[8]一方、聖グレゴリオス・パラマスは次のように断言する。「神は死も、病気も、心身の障碍も創造しませんでした」[9]「神は魂の死も、身体の死も創造しませんでした」[10]「この身体の死は神が与えたものではなく、そのようにもせず、またそうあるべしとも命じませんでした。[11]［……］同様に、神は肉体の病気の造り主でもありません」[12]。『知恵の書』の作者はすでに次のように教えていた。「神は死をつくっておらず、命ある者が滅びることを喜びません。神は万物が生きるためにすべてを創造したのです。すなわち世の被造物は有益なのであり、そのなかにおいては有害なものはありません」（知 1, 13-14）。

霊感を受けた『創世記』の作者は、神の創造がその始原において完全に善きものであったことを明らかにしている（創 1, 31 参照）。また教父はそろって、人間自身のもともとの本性がいかなる病気や心身の障碍、痛みも腐敗も知ることがなかったと教導する。[13]ガザの聖ドロテオスは「人間は楽園の無上の喜びのなかで生きていて［……］、創造された本来の状態において十全の能力をもっていたのです」[14]と書きとめている。聖アウグスティヌスは、人間が「その肉においてまったく健康であった」と主張する。[15]そして聖ヨアンネス・クリュソストモスは「神の手を離れたときの人間の身体がどのようなものであったのかを知りたいのであれば、楽園に行って、神がそこにいさせるようにした人間を見ようではありませんか。その身体は腐敗しなければならないものではなかったのです［……］。身体は、燃えさかる火から取り出された塑像のようにまばゆいばかりに輝き、今日われわれが知っているいかなる障碍ももちませんでした」[16]と述べている。ニュッサのグレゴリオスは、次のように指摘する。「疾患とか先天異常は、われわれの本性とともに最初から存在するものではありませんでした」[17]。すなわち肉体的な苦痛や「われわれの生の条件の一部となっている身体の試練にほかならない数多くの病気」を、人類は「はじめは知らなかったのです」[18]。そして「人間自身はその本性からして、また本性に付随する本質的な特性からしても、そのまったくの始原においては［……］苦しむ能力をもたなかった［……］のであり、人間のうちに受苦的な本性がしみこむのは後のことなのです」[19]と記している。苦痛の不在と非腐敗性は、人間が当初もちあわせていた数多くの善き事柄のなかに含まれるべきものなのである[20]。そして「われわれの生の条件の一部となっている身体の試練や人類が原初に知らなかった数多くの病気に言及する者は、［原初の］幸せと［現在の］苦しみを比べるとき、あるいは［今は辛抱している］災いと［かってはもちあわせていた］善き事柄を比べるとき、さらに多くの涙を流すことになるのです」[21]。他方、証聖者の聖マクシモスは次のように記している。「神からその存在を与えられた最初の人間は、罪と腐敗を免れて生まれました［……］。なぜなら罪も腐敗も、彼とともに創造されることはなかったからです」[22]「受苦に向けた変質や腐敗、死［……］、人間には当初それらがなかったのです」[23]。

神が死を創造しなかったこと、そして原初の状態の人間が腐敗しなかったこと、この二重の言明は、その論理的な帰結として、始原における人間の本性が同様に不死であったことを意味する。じっさい数多くの教父文書がそのことを示唆しているように思われる[24]。

しかしながらつぶさに検討してみると、この点にかんして教父たちが、その考え方にことのほか含みをもたせていることがわかる。

「神は土の塵で人間を形づくり」(創2,7)という聖書の言明にもとづいて、教父のなかには、創造されたものと創造されずにはじめから存在したものとの区別をはっきりさせることに専心し、人間の身体が原初において、またそのものの本性からして不安定で腐敗し、そして死すべきものの混合であることを、ためらうことなく主張する者がいる。聖アウグスティヌスは「人間はその身体の本性によって死すべきものでした」と述べている。[25] アレクサンドレイアのアタナシオスは「人間は無から創造されたものなので、その本性は死すべきものです」と記し、[26] さらに原初の人間の「本性は腐敗するものであったのです」[27] と言明する。聖ヨアンネス・クリュソストモスは、人間はみじめな欲求を楽園でまったくもたなかったとしても、「死すべき身体をまとってはいました」[28] と書きとめている。教父たちが、人間が「非腐敗性をめざして」[29] あるいは「不死であるため」[30] に創造されたとか、その本性において神の不死性に参画しようとするものであるとか、[31] あるいはまた「約束」[32] された非腐敗性や不死性について語るとき、彼らはしばしばその表現に含みをもたせているのである。そうすることによって、本性そのものと結びついた特性ならともかく、この非腐敗性やこの不死性がいっきょに決定的に得られたものではなかったことを示唆しているのである。

それはつまり、最初の人間の非腐敗性や不死性が、もっぱら神の恵みに帰すべきものであったことを意味する。神は、土の塵で人間を創造するやいなや、「その顔〔鼻〕に命の一息を吹きかけた〔入れた〕。人間はこうして生きる者となった」(創2,7)と『創世記』は叙述している。教父は、この息に魂だけでなく、神の霊も見ていた。[33] 神の働きが浸透したことによって、魂と身体は超自然的な特性を備えたのである。そこで聖グレゴリオス・パラマスは、神の恵みが「われわれの本性の至らなさを数々の善いことによって補いました」[34]と書きとめる。この恵みによって身体と魂は完全に健康であることができた。「創造されるさいに受けとった贈り物により、われわれは病気から守られていました［……］」と聖バシレイオスは指摘する。[35]この恵みによって、また身体は腐敗することがなく、不死となった。[36]そこで聖アウグスティヌスは、人間は「その身体の本性によって死すべきものでしたが、恵みによって不死であったのです」[37]と書きとめる。聖アタナシオスは「神の贈り物と父なる神の言《ことば》〔啓示〕がもたらす固有の力を得て」[38]「不死の命」を生きる人間について語っている。そして次のように書きつづる。「人間は腐敗する本性をもっていたのですが、言への参画という恵み〔によって〕」「その本性をしばる条件を免れる」[39]ことができ、「現存する言ゆえに、本性の腐敗が彼らに及ぶことがなかったのです」[40]。

この恵みによってアダムは、自然界のほかの生き物の状態と異なるだけでなく[41]、目下のわれわれに備わる人間的条件[42]とも大幅に異なる状態にあった。この特権的な、高位の条件が「楽園[43]」と呼ばれるものである。このより高位の条件への到達が恵みによることを示すために、教父たちは『創世記』の本文（2,8）を註釈し、人間が楽園において創造されたのではなく、神によってそこに置かれた存在であることを強調する。[44]そして楽園とそれ以外の世界をはっきり区別する。[45]この条件は魂だけでなく身体にも及ぶものであった。[46]そこで聖マクシモスは「われわれの最初の父祖アダムの堕罪以前と、その堕罪の支配下にある今日の人間との、身体の組成の違い[47]」について語る。教父たちは、神の恵みを失ったわれわれの今日の状態からは以前の条件を思い描くことがほとんどできないことを指摘しつつも[48]、それが天使の状態に近い条件のものであったと考えるのである。[49]ニュッサの聖グレゴリオスやとりわけ聖マクシモスにとって、父祖アダムの身体は現在のように物質性や有形性をもつものではなかった。[50]その本性はむしろ、聖パウロが『コリントの信徒への手紙一』の十五章で述べているような復活した身体のそれであり、そうした意味からすれば、教父たちは復活後の状態に楽園の再生を見ていることが知れる[51]。

しかしながら自由な存在として創造された人間が、この恵みを保持するかどうか、つまり授けられたその非腐敗性や不死性のなかにとどまるのか、それとも反対にこれを拒絶して失うのかどうかは、その意志によっていた[52]。そこで教父が、人間は腐敗せず不死なものとして創造されたと語るとき、それは人間が腐敗したり死んだりすることができないということを意味していない。そうではなく、恵みと自由な選択とによって、腐敗したり死んだりしない可能性が与えられたことを意味しているのである。非腐敗性と不死性を維持し、決定的に自分のものとするためには、人間は神によって与えられた恵みを保持し、神がそのために示した掟（創2, 16-17参照[53]）に従うことで、神のうちにひとつとなってとどまらなければならなかったのである[54]。それゆえ聖グレゴリオス・パラマスは次のように記している。「原初の人間は、ただ神の創造物であるというだけでなく、霊のうちにあるその子でもありました。この恵みが、命の息によって、魂と同時に与えられたのです（創2,7参照）。それは担保としてあったものです。つまり、これらの担保に専心して掟を守っていたならば、それによって人間は神とのいっそう完璧な交わりを享受し、不死性をまとって神とともに永遠に存在することができたのです[55]」。

したがって教父が、原初の、罪に陥るまでの人間が、じつのところ死すべきものでも不死でもなかった、とたびたび述べていることは理解できよう。アンティオケイアの聖テオフィロスは次のように書いている。「しかし「死ぬことは人間の本性の一部でなかったのか」とわれわれは言われるかもしれません。断じてそのようなことはないのです。「では不死であったのか」。われわれはそのようなことも言いません。そこでわれわれに反駁するかもしれません。「ならば取るに足らないということなのか」。われわれはそうしたことを主張しているのでもありません。つまりこういうことです。人間は、その本性において死すべきものでもなければ不死でもなかった、ということなのです。もし人間が最初から不死に創造されていたのであれば、それは神として創造されていたことになります。それにくわえて、もし死すべきものとして創造されていたのであれば、神がその死の原因であったかのようにみられることになります。このように人間は、死すべきものとして創造されたのでもなければ、不死としてでもなく、その双方が可能な存在としてあったのです。そこで人間は神の掟を守ることで不死のほうを選んだのでしょうか。〔そうすれば〕その褒美に不死性を授けられて、神になることができたはずです。それとも神に背いて、死の行為のほうに人間は心を向けたのでしょうか。〔そうすれば〕人間自身が自分の死の原因をつくることになります。じっさいのところ、神は人間を自由な存在として、また自分自身の主人である者として創造したのです」[56]。聖アウグスティヌスは次のように書いている。「罪に陥るまでは、人間の身体はある意味で死すべきものと呼ぶことができたし、別の見方をすれば不死のものと呼ぶことができました。死ぬかもしれないので死すべきものといえるし、死ぬことがないかもしれないので不死でもあるのです〔……〕。罪を犯さないことによって、人間は死なずにいることができたのです」[57]。アレクサンドレイアの聖アタナシオスも、同じ趣旨のことを書きとめている。「人間の自由意思がいずれの方向にも振れることを知っていたので、〔神は〕先手を打ち、律法と、定められたしかるべき折に彼らに与えられた恵みとによって、補強したのです〔……〕。このようにして、もし人間が恵みを保持し、徳性のうちにとどまっているなら、天における不死性の約束にくわえて、悲嘆や痛み、不安のない楽園での命を得ることができました。しかしもしこの律法に背くなら、自然界の腐敗が死のなかで彼らを待ち受け、もはや楽園に住まうこともなく、死ぬために楽園を追放され、この後死と腐敗のうちにとどまるのを知ることになるのです」[58]。聖グレゴリオス・パラマスは、人間にその自由を保たせると同時に腐敗と死を免れさせようともする、神から人間に与えられた手立てを、神の掟のなかに見出すことすらしている。[59] そして不死性と死、非腐敗性と腐敗とが、じっさい人間の選択にかかっていることを強調するのである。[60] というのも、人間を自由な存在として創造した神には、人間がなにをなそうとし、なにになろうとするのかという、その選択を妨げることはできなかったからである。[61]

病気の根本原因　父祖の罪

したがって教父によると、病気[62]や心身の障碍、苦痛[63]、腐敗[64]、そして死[65]の淵源は、もっぱら人間の個人意思のうちに、もしくは誤った使い方をした自由意志に、あるいは楽園で犯した罪に求められなければならないのである。それはまた人間の本性を現実に冒すあらゆる災い[66]の淵源なのでもある。「自由な選択の乱用は、受苦性と腐敗性、そして死すべき運命をアダムのうちに招き入れました」と聖マクシモスは主張する。[67] アンティオケイアの聖テオフィロスは「最初の被造物にとって不従順は楽園からの追放を惹起しました。［……］その不従順において、人間は労苦や痛み、悲しみの辛酸をなめ、そしてついに死の支配に呑みこまれたのです[68]」と書きとめる。「不従順の罪ゆえに、病気が人間に襲いかかるのです」と聖エイレナイオスは記す。[69] 同様に、聖ニル・ソルスキイも「掟を犯したのち、アダムは病に倒れました[70]」と述べる。また聖グレゴリオス・パラマスはいっそうはっきりと次のように記す。「衰弱や病気、そして死を招くそのほかの災いは、どこから生じるのでしょうか。死そのものはなにに起因するのでしょうか。神の掟にたいするわれわれの不従順、神が与えてくださった教えにそむいたこと、神の楽園におけるわれわれの原罪からなのです。その結果、罪から病気や心身の障碍、そしてあらゆる試練の負担が生じるのです。罪によって、じっさいわれわれはこの病気がちで、死すべき運命をもち、苦痛に打ちひしがれた身体を、皮膚の覆いで装うことになりました。そして仮の、滅ぶべきこの世に移り、いくたの災いと無数の不幸とにさいなまれる一生を送ることを宣告されたのです。病気は、したがって罪が人類を導き入れた短いながら、険しい道程のようなものであって、［そして］この道の終着点、その果てが死なのです[71]」。

アダムとエバは、「神のように」（創3, 5）なること、すなわち唯一なる神以外の神々[72]になることを教唆した悪魔に従うことを選択した。そうすることによって、恵みをみずから断った。そしてそのときから彼らは、神に帰すべき美質を、つまりある意味で神に授けられた超自然的な条件を失ったのである[73]。聖アタナシオスは「掟に背いたことが、彼らを自分たちの本性に還元したのです[74]」と書いている。つまり神がアダムに言ったとおり、彼らを形づくった土の塵に戻ったのである[75]（創2, 7）。「お前はそこから取られた土のなかに戻る。なぜならお前は土であり、土に戻るものであるからである」（創3, 19）。罪を犯したのちのアダムとエバがこうむる災いは、彼らを神の特性に参画させるものにしていた神との交わりをみずからの自由意志によって断ったことの、その論理的帰結なのである。神の善き事柄から離れることで、彼らは人間の本性をあらゆる災いに開いてしまった[76]。ニュッサの聖グレゴリオスは「この善き事柄の放棄は、いったんなされると、あらゆるかたちの災いを現出させました。すなわち命に顔をそむけることが死をひき起こし、光を失うことが闇を誘い込み、徳性を欠くことが悪を出現させたのです。こうしてあらゆるかたちの善き事柄が、ひとつずつ一連の正反対の災いにとって代わったのです[77]」と記す。さらに次のように書きとめる。「偽計によって悪徳と人間の自由意志とを混ぜ合わせることで、［敵である］悪魔は神の善き行いの灯を消し、闇にしました。そこでこの善き行いが失われるにつれ、これに対立してきたものが代わりに不可避的に姿をあらわします。そこで命には死が、力には弱さが対峙することになるのです〔……〕」[78]。

これらの災いはまず人間の魂を侵す。魂は受苦性を帯び、悲嘆と苦痛を知るようになる。神から分け隔てられ、永遠の命を奪われることで腐敗し、死んだ[79]。ついでそれらの災いは、魂をとおして身体に伝染する。この魂と身体の二重の死[80]は、聖アタナシオスが指摘するように、『創世記』で神がアダムとエバに警告するときの強調の語法〔創 2, 17〕、すなわち「〔善悪の知識の木から〕あなたたちが食べた日に、あなたたちは**死によって死ぬ**であろう」[81]として表現されている。聖グレゴリオス・パラマスも同様の趣旨のことを明言する。「背くことによって魂ににわかに引き起こされた死は、魂そのものを腐敗させるだけでなく〔……〕、不安と情念とによって身体も打ちのめし、腐敗しやすくさせ、ついには死に至らしめるのです。じっさい、背くことによって内なる人間が死んだあと、地上のアダムは「あなたは土であり、土のなかに帰ることになる」〔創 3, 19〕という〔神の〕声を聞くのでした[82]」。

このようにして、アダムの過ちによって神に服することをやめることで、人間の本性全体が「腐敗の病に陥った[83]」。恵みが人間の本性のうちに現存するという原初のその特別な条件を失って[84]、「より劣った条件[85]」へと転落した。「このときから人間は、存在しはじめたときのようであることが、できなくなりました」と聖アタナシオスは書きとめる[86]。その本性の原初の存在様態が、人間を天使のそれに相応する条件へと近づけるものであったのにたいし、新たな様態は人間を自然的なものへと近づけるのである[87]。その身体は、原初にはなかった物質性[88]や有形性[89]、そして混濁性[90]を帯びる。そして自然的な、感覚的な生命となり、自然界のほかの生き物にはあっても、恵みによってそれまで免れてきた情動や不安定性、分裂に、以後服することになる。この新たな生存条件は、『創世記』のなかで皮の衣〔創 3, 21〕[91]として表現され、それは物質的、自然的な特徴やそれが担う死を、そしてそれが人間の真の本性に付けくわえられたものであることを、同時に象徴する[92]。

聖マクシモスは、アダムがそのはじめ裸であったことに言及しているナジアンゾスの聖グレゴリオスの一節を註解して、次のように記している。「彼がそのように述べることによって、父祖アダムの堕罪以前と今日その支配下にある人間とのあいだにある、身体の組成の違いを示そうとしたのかどうかは疑わしいことです。そのときの人間は、対立するもろもろの特性が身体の組成のうちでたがいに阻止しあうことによって、引き裂かれていませんでした。そうではなく、そのときの人間は変わることなくみずからのままでした。たえまない変化やそれらの特性どうしの支配から自由であったということです。それらの特性の刺激がなくても非腐敗性を、恵みによって、あたかも分かちもたざるをえないのです。自分の身体ともちろん調和したまったく異なる組成をもち、単一性という特性や安らかさとともにあったのです。最初の人間は裸でした。それは肉も身体ももたなかったということではなく、肉を死すべきもの、つらいものにするより有形的な組成をもたなかったという意味においてのことなのです[93]」。

人間を冒した「重大な病」は、彼をとおして宇宙全体に及ぶ[94]。聖マクシモスは「人間を創造した神の恵みによって、統治者として世界全体を自由にできた人間は、［……］その誤った用い方によって本性に反する方向に行動し、現下の変調を自分のうちに、そして宇宙全体に招き入れたのです[95]」と説明する。

世界は神によって善いものとして創造された（創 1, 31）。ところがそうありつづけるかどうかは人間次第であった。じっさい神は、人間を大宇宙のなかの小宇宙のようにして[96]、すべての被造物をまとめ[97]、被造物全体を支配する万物の霊長（創 1, 28-30 参照）とした[98]。また神は人間を神自身と被造物との仲介者[99]とした。そして人間が神の霊から受けとる恵みに参画することによって、被造物を神に結びつけ、それらを完全性へと導く使命を彼に与えたのである[100]。聖マクシモスによれば、人間の使命は、なかんずく楽園とほかの地上世界とを結びつけること、したがってほかのあらゆる被造物を楽園の条件に参画させることであった。[101] こうしてアダムは、神とひとつであることによって自身の本性が享受していた秩序や調和、平和だけでなく、恵みから受けとった非腐敗性や不死性も、ほかのすべての被造物に分け与えるはずであった。[102]

ところがアダムが神に背いたとき、本性は彼が制するものでなくなる。彼が罪を犯すと、人間におけるのと同様に、被造物のあいだにも無秩序が生じる。神は「あなたのゆえに、土は呪われるものとなれ」〔創3, 17〕と人間に向かって述べ、アダムの過ちが引き起こした宇宙の大惨事を告げる。人間同士の区別と分離は、以後対立と分裂になる。人間は、自分を保護していた恵みという衣を脱ぎ〔創3, 7参照〕[103]、また自然界を制御する権能を失って、それにたいして脆弱となり、その打撃をこうむることになる。

災いは悪魔以上に速く、活発に拡散する。アダムが悪魔に服従すると、悪魔は人間を支配下におき、神が人間をほかの被造物の主人としたときに授けたもろもろの特権を奪いとる。「万物の霊長」に代わって「この世の支配者」〔ヨハ12, 31、14, 30〕が自然界を支配する。同時に「闇と悪の支配者」〔エフェ6, 12〕や悪魔、〔悪魔の使者である〕悪霊によって病気が生み出される。それはアダムが犯した過ちの結果であり、その過ちがはらむ災いの帰結であり、その様態なのである。しかも病気は再生され、広まり、進行し、収まったり悪化したりし、ときには「闇と悪の支配者」や悪魔、悪霊の化身とさえなる。それらは、そのとき病気の重要な淵源のひとつとなり、たいていの場合病気をつうじて間接的に姿をあらわす。しかし憑依のときのように、ときには媒介なしに出現し、人間の内部で空白となった神の場をそれら自体が占有することもある。[104]

しかしながら人間と、その人間をつうじた全世界の救いを心にかける神[105]は、悪の力が神自身の創造を呑み込み、破壊することを認めない。神の摂理によって、人間と自然界はなおもその一部が守られつづけ、悪魔と悪霊のなせる否定的なわざに一定の制約を課すのである。[106] また虚無へとはまり込もうとする宇宙を安定させ、無秩序のなかにあってもあるしゅの秩序を確立する。[107] 人間が、得ようとしていた神の似姿を失ったとしても、人間は依然として神の像《かたち》をもつ者である。たとえその像が覆われ、曇らされ、歪められていても、である。[108] また恵みを完全に奪われたわけでもなく、もし望むなら、その弱さのなかにあっても人間はあらためて神に顔を向け、神から与えられつづけている掟（申30, 11-19参照）に服し、また神の意志によって自然にたいするあるしゅの支配（創9, 1-2参照）を保つのに必要十分な霊的な力をもちあわせているのである。

とはいえ、この新たな均衡は崩れやすい。人間と自然は、悪と善とが、あるいは死と命とがあらゆる次元でたえず無慈悲な闘いを繰り広げる戦場となっている。そのことを病気や心身の障碍、苦痛がそれぞれの次元で示し、この闘いの結末はキリストの受肉まで不確かなものにとどまるのである。

自分たちを冒す病気に人間は責任があるのか

病気と罪との関係、すなわち病気の発症とその進行について、その責任が人間にあるのかどうかという問題であるが、原初においてはその関係や責任が直結していたことがわかっている。これまでみてきたように病気は、それが悪霊の仕業である場合であっても、アダムとエバ個人が犯した罪の直接の結果であり、しかもこの罪に起因するほかの災いとあわせて、教父たちはこれをしばしば罰として述べているのである。

だがこの罰という言葉を、報復者である無情な神が人間に罰を下すという意味で捉えてはならない。それは人間自身がみずからの過ちによって招いたおのれの罰なのである。「彼は落とし穴を掘り、掘りすすめます。そしてみずから掘った穴に落ちるのです。おのれの誤った行動が自分の頭に降りかかり、おのれの暴挙が自分の額にくだるのです」と詩編作者は再認識している（詩7, 16-17）。アレクサンドレイアの聖クレメンスは「罪を自発的に犯すとき、各人は罰を選択しているのです」と記し[109]、それにつづけて、「それは選択した者のせいであって、神に責任はありません」[110]というプラトンの一節を引用する。聖エイレナイオスも同じ趣旨のことを記している。「神から離れ去るすべての者に〔神は〕彼ら自身が選びとった離別を科します。ところが神との離別とは死にほかなりません。光との離別は闇です。神との離別とは、神からもたらされるあらゆる善き事柄を失うことです。したがって棄教によってこれまで述べてきたすべての事柄を失った者は、あらゆる罰に沈められるのです。それは彼らを罰するために神が先手を打つからではなく、すべての善き事柄を奪われているというまさにそのことによって罰があとにつづくのです」[111]。それゆえ人祖アダムとエバの離反がもたらす不幸を、神が彼らに明言するとき（創3, 16-19）、それは予告し、叙述しているだけであって、神が生じさせるものではないのである。

アダムが人間の本性の「根源」[112]をなし、その原型であって、また第一に全人類を包摂するゆえに[113]、彼はその状態を子孫全体に移転する[114]。こうして死や腐敗、病気、苦痛が人類全体の定めとなる。

この移転は、生物学的な方途[115]によって世代から世代へとつづき、こうしてすべての人間が、神の恵みを失ったアダムの本性をはじめ、アダムの罪の結果を刻むものである病気や心身の障碍を、誕生時に受け継ぐ[116]。ニュッサの聖グレゴリオスは次のように説明する。「最初に〔神への〕離反によって罪を受け入れ、病気を導き入れた人間[117]が、われわれの本質のうちに災いを仕組んだようなものです。自然は、どのような種類の動物も子にその形質を伝えることで存続するようにしました［……］。同様に、人間は人間から生まれ、誕生時にその欠陥をもたらすのです」[118]。

たとえある者がみずから罪を犯さなかったとしても、この状態はすべての人間に及ぶ。聖パウロは次のように書きとめている。「ひとりの罪によって、すべての者が刑の宣告を受けることになりました」（ロマ5, 18）。「ひとりの罪によって、多くの者が死んだのです」（ロマ5, 15）。あるいは「アダムと同じような離反による罪を犯さなかった者をすら［……］、死が支配しました」（ロマ5, 14）。また彼が「ひとりの不従順によって、多くの者が罪人とされました」（ロマ5, 19）と述べるとき、それはアダムの罪をではなく、それがもたらした結果を人間が受け継ぐものであることを意味している、と東方教会の教父は指摘する。[119]そこで聖ヨアンネス・クリュソストモスはこの箇所を次のように註解する。「使徒は、ひとりの不従順のために多くの者が罪人となった、と明言しています。ひとりの人間が罪を犯し、死すべき者となったとき、その後裔も同様となるのです。そこにはなにも不可解なことはありません。しかしながら他者の不従順によって罪人になるというのは論理的でしょうか。何人も自分の過ちによらなければ罰せられることはないように思われます。それならここで使われている「罪人」という言葉はなにを意味するのでしょうか。罰を科され、死を宣告されること、そのことを意味しているようにわたしには思われます[120]」。アレクサンドレイアの聖キュリロスも同様の趣旨のことを書いている。「ひとりの者、すなわちアダムの不従順によって、本性は罪の病に陥りました。こうして多数が罪人となったのですが、それはアダムの過ちを多数が共有したからではありません。彼らは〔そのとき〕まだ存在していなかったのです。そうではなく、彼らが罪の定めへと陥った本性を共有したからなのです[121]」。

したがってこの観点にもとづくと、人間を冒す病気は、個人の罪に起因するのではなく、父祖アダムの過ちによって神の恵みを失った人間の本性を、彼らが共有することに起因することがわかる。それゆえに聖書の数多くの箇所で、一個人の病気や心身の障碍と、その個人ないしその直系の先祖が犯したかもしれないひとつもしくは複数の罪のあいだに生得的なつながりがないことが謳われている。まずは、生まれつき目の見えない人についての挿話（ヨハ 9, 1-3）である。「先生、この人が、生まれつき目が見えないのは、だれが罪を犯したからなのですか。彼ですか、それとも両親ですか」と質問した弟子にたいして、キリストは「彼も両親も罪を犯していない」と明確に答える。次は、身体が麻痺している人についての挿話（マタ 9, 1-6、マコ 2, 1-12、ルカ 5, 17-26）である。キリストはその人にまず「あなたの罪は赦される」と言い、ついで「起き上がり、寝台をかついで、家に帰りなさい」と述べながら、二つ目の奇蹟によってその者の麻痺を治癒する。もしその者の身体の障碍が、彼の犯した罪の結果であるとするなら、魂の病気と同時に身体の病気を治癒するために、キリストが彼の罪を赦すだけで足りたはずである。二つ目の介入は不要であったはずである。最後に、聖ヤコブが、病気〔*mala-die*、悪しき日〕のときには教会の長老を招いて病人のために祈り、塗油してもらうよう勧めていることを書きとめておきたい。彼ははっきりと述べている。「信仰にもとづく祈りは病人を救い、主がその人を起き上がらせてくださる。またもしその人が罪を犯したのであれば、その人の罪は赦されるであろう」（ヤコ 5, 14-15）。〔ギリシャ語文法の〕接続法（また、もし……）を使用することによって、病気とその者が犯した罪とのあいだに必然的なつながりがないことを、ヤコブは示唆している。さらにヘブライ語聖書の多くの箇所を引用することができる。そこには義人が重病を患い、塗炭の苦しみにあえぐ姿が見られるが、もっとも強く心を打つのは〔『ヨブ記』の〕ヨブであろう。

人間の本性の変質が父祖アダムに起因するとしても、彼だけがその現状の責めを負わなければならないことを意味しない。[122] アダムの模倣者となったという点で、じつはすべての人間に責任がある。アダムの子孫もまた罪を犯したゆえに、アダムの罪がもたらす結果が彼らにも及んだのである。このことを聖パウロは教えている。「ひとりの者によって世に罪が入り、そして罪によって死が、［……］そのようにして死はすべての人間に及んだのですが、それはすべての者が罪を犯したからです」（ロマ 5, 12、3, 23 参照）[123]。またこの主題についてアレクサンドレイアの聖キュリロスは次のように記している。「罪を考え出した蛇は、その邪悪な心によってアダムに打ち勝ち、人間の知性に立ち入る方法を探しあてました。というのも「彼らはみな道を誤り、ともに悪へと転落した」（詩 13, 3〔14, 3〕、ロマ 3, 12）からです。［……］また勝利のうちに死がわれわれを呑み込んだからです。「そして黄泉の国はその腹をひろげ、口を開けつづけた」（イザ 4, 14〔5, 15〕）という預言者の言葉にあるとおりなのです。じっさいアダムのうちにあった過ちをわれわれが模倣し、すべての者が罪を犯したという点で、われわれは同じ断罪の的となったのです」[124]。キュロスのテオドレトスはより明快に述べている。「各人がみな死の支配に服するのは、祖先の罪によるのではなく、各人自身の罪によるのです」[125]。こう述べることによって彼は、アダムの根源的な責任と変質した人間の本性がもつ継承性を否定せずに[126]、その継承性に冒された罪あるすべての人間の共同責任を主張する。人間は、今度は自分が罪を犯すことによって、アダムの過ちとその結果を永続させる。しかもアダムの過ちに自分の過ちを付けくわえることによって、それらの結果を増幅させ、増殖させさえするのである。

こうしておのおのの人間は、アダムから受け継いだ自分の本性がこうむる災いにたいして先天的に責任を負わないまでも、アダムとそうしたつながりをもち、アダムの過ちをある意味で引き受けるなかで、自分みずからが罪を犯すことによって後天的に、責任の一端を負うようになる[127]。したがってアダムとその子孫、またすべての人間の災いには、密接な相互関係がある。そして人間の本性を担った各人が罪を犯すとき、自分だけでなく他者にも引き起こされる災いの、その責任の一端を負うことになる[128]。ルカによる福音書（13, 1-15）が叙述するキリストの教えは、そのように理解することができる。それは病気の問題を正面から取り上げたものではないが、ある程度あてはめて考えることができる。というのも、ルカは不幸や災難といった事態にも共同責任が存在することに言及しているからである〔ルカ 13, 1-5〕。それらは、人間を突然襲う病気やほかの災いとあわせて、罪がもたらす結果に含めることができるものである。[129] ピラトが指示したガリラヤ人の殺戮について報告しにきた人びとに、イエスは次のように答える。「これらのガリラヤ人がそうした災難にあったのは、ほかのどのガリラヤ人よりも罪深い者であったからだと思うのか。けっしてそうではない。言っておくが、あなたがたも悔い改めなければ、みな同じように滅びる。シロアムの塔が崩れたために死んだあの十八人の人びとは、エルサレムに住んでいたほかのどの者よりも罪深い者だったと思うのか。けっしてそうではない。言っておくが、あなたがたも悔い改めなければ、みな同じように滅びる」。キリストがこう述べるとき、彼はなにも人びとを脅そうとしているのではない。そうではなく、こうした不幸が犠牲者の罪だけでなく、人類全体の罪と結びついていることを教えようとしているのである。キリストは、自分が語りかけたこれらの人びとが、そこで起きた出来事の直接原因でなかったとしても、生起した出来事に、そしてみなの罪が永続するなら生起するかもしれない同様の出来事に、彼らとほかのすべての人びとがかかわりを感じ、連座している意識をもち、責任を自覚することを願っている。そうであればこそ、キリストは人びとに悔い改めを呼びかけているのである。

これらの教えに忠実なギリシャ正教会の霊性、とりわけ修道院のそれは、他者を襲う不幸、そしてその様態のひとつである病気にたいするこの共同責任の意識を、祈りの伝統のなかに取り入れた。[130] 作家ドストエフスキーは、修道僧ゾシマ長老の語りのなかでこの伝統をみごとに思い起こさせる。「われわれ一人ひとりが、みなを前に、みなのために、またすべてについて有罪なのです[131]」。

受肉した神の言《ことば》による人間本性の治癒

アダムの過ちがもたらした結果と罪とから人間を解放できるのは、キリストだけであった。神的な位格《ペルソナ》であるキリストは、人性をその総体において位格《エンヒュポスタトス》においてあるものにすることができた。しかも人間の本性を十全に引き受けることによって、その本性を神性の力によって再生させ、自身において神性に再び結び合わせ、一致させることができた。そうすることで新たなアダムになるのであるが、それは人類の始祖がやり遂げることを怠った神の計画を完全になし遂げた、十全に成就されたアダムなのである。[132]

「そこで、ひとりの罪によってすべての者に有罪判決が下されたように、ひとりの正しい行為によって、すべての人が義とされて命を得るのです。じっさいひとりの人の不従順によって多くの人が罪人とされたように、ひとりの従順によって多くの人が義とされるのです」(ロマ 5, 18-19)。アダムによって変質した人間の本性は、キリストにおいて復元され、楽園で享受するすべての特権をとり戻す。アレクサンドレイアの聖キュリロスは次のように書きとめている。「アダムにおけると同様に、人間の本性は腐敗の病に陥り〔……〕、それと同様にキリストにおいて健康をとり戻したのです」[133]。その受肉によってキリストは、神とわれわれの本性を分け隔てる柵を打ち破り、創造されずにはじめから存在する恵みの神的な働きを新たに開放した。キリストはその贖《あがな》い〔罪からの解放〕のわざをつうじて、悪魔の暴虐からわれわれを解放し、罪の支配を打ち砕いたのであり、キリストは自分の死によって、死と腐敗とに打ち勝った。その復活によって、キリストは人間に新しい永遠の命を与える。しかもキリストにおいて父なる神と結びあわせることで、人間の本性だけでなく天地万物も治癒し、再生する。キリストはこうして対立を廃し、罪ゆえに対立に満ちていた無秩序に終止符を打つのである。証聖者の聖マクシモスは次のように書き記している。「神は、自分を見失っていた人間を救うために人間となるのです。そして全宇宙の自然界の断片をご自身が結び合わせることで［……］ご自分が創造したものでもある天と地のあらゆる事柄をご自身においてまとめあげながら、父なる神の壮大な計画を成就します［……］。まずわれわれ自身をご自分とひとつになるようにして［……］、われわれをご自分とまったく一体にし、腐敗のいかなる徴候もまったく示すことがない健康で、完全にもとのままの神の像《かたち》を身に着けさせます。われわれとともに、またわれわれのために、天地万物全体を受け入れるのです［……］。ご自身においてあらゆる事柄をまとめあげ、人間が肢体をつなぎあわせて完成されたものであるように、天地万物全体もまたひとつであることを示します［……］。離れているものをまとまりへと引きもどし、存在するものの内部抗争を廃し、そして穏やかな友愛と、引き裂かれることのない融和のためにすべての事柄を、天と地のあらゆる事柄を、ひとつに結び合わせるのです[134]」。

病気が存続するのはなぜなのか

しかしながらこのキリストのわざは、人間の自由が尊重されるのでなければ成就しない。人間は自由を押しつけられているわけではない。ほかの被造物も同様である。成就は人間の自由意志にかかっており、その同意と自由な協力とを前提としている[135]。救いの恵みがなぜすべての者に強いられなかったのかと問う者に答えて、ニュッサの聖グレゴリオスは次のように記している。「なにごとも自由にできる神は、人間にたいする敬意を極限まで突き詰めることで、われわれ自身がその唯一の主人である固有の領域をもてるようしました。それが隷属を認めない意志であり、自由な、われわれの自立した判断力のうえに築かれた能力です［……］。［われわれの反対者は］、神は抗論する者に福音を強要することができたと主張します。そうすると自由意志はいったいどこにあるというのでしょうか。徳性や正しい行いの栄誉はどこにあるというのでしょうか[136]」。

キリストの位格《ヒュポスタシス》において実現される人間の本性の再生と神化〔*deification*〕は、それらがキリストに合体され、同化されるのでなければ、人性はなお潜在的なものにとどまる。この合体とこの同化は、キリストの身体である教会において、秘跡のうちに示される聖霊の恵みによって実現する。だが人間は、恵みによる自分自身のこの変容に協力しなければならない。それを自分のものとするために力を尽くし（フィリ 2, 12 参照）、それに開かれ、たえまのない努力によって同化することが求められるのである。洗礼によって人間は「古い人」を脱ぎ捨て（エフェ 4, 22）、キリスト、すなわち「新しい人」（エフェ 4, 22〔24〕）を着る（ガラ 3, 27）が、それは可能的なものにとどまる。彼は変質した本性を、再生され神化された本性と交換し、それを自分のなかで具現しなければならない[137]。だがそれは、一方で、恵みを失った本性のそのたえざる放棄、誘惑との闘い、自身の浄化を、また他方で、キリストにおいて新しくされた本性を掟の実践によって獲得することを前提とした深化の過程のなかでしか成就されない。この緩慢で、困難な（マタ 7, 14、11, 12 参照）過程では、転落や再度の転落が茶飯事であり、自分に罪がないなどと言える者は一人もいないのである（ヨハ 1, 8-10、ロマ 3, 10-12 参照）。

そのうえ多くの者が、キリストのもたらした救いを明確な意図にもとづいて拒み、あくまでも悪を選びとっている。

罪がこの世界に存続するゆえに、それらの結果が人間の本性と宇宙の全体を侵しつづけるのである。

キリストはたしかに罪の不可避性を取り除き、悪魔の支配に終止符を打ち、死を無害にした。だが罪も悪霊のわざも、あるいは肉体的な死も、罪がもたらす結果全般も、キリストは取り除いていない。それらの原因ともなる自由意志を縛らないためである。[138]

父なる神が決める終わりの時を迎えるときに（使1,7、マタ24,36参照）、はじめて万物の再生が行われ（使3,21参照）、「義の宿る新しい天と新しい地」（二ペト3,13）が姿をあらわす。そのとき罪が破壊した秩序と調和とが回復する。そしてキリストによるわれわれの本性の贖いと神化のわざのなかで勝ちとられた善き事柄が、すべての者に十全に示されることになる。

恵みの満ちる教会でキリストにおいて生きる人間は、「霊の保証」を授けられ、きたる善き事柄の初物と出会う。罪や悪魔、死、そして腐敗はいまや人間にたいする力を失い、決定的な影響を及ぼすことができない。人間はそれらから霊的に自由なのである。

しかしながら非腐敗性と不死性がこうして保証され、したがってある意味で既得のものとなるとしても、それらが身体にとっての現実となるのは復活と最後の審判の後のことである。人間の存在全体の神化がこの終わりの時にしか成就しないのも同じである（一コリ15,28参照）。

すべての人間は、その本性がもつ共通性によって、ある程度自分たちの罪がもたらす結果にたがいに影響されるのであり、したがって自分たちのこうむる災いはあるしゅの関係性をもつ。それと同じように、約束された善き事柄の受容にもあるしゅの関係性がある。じっさい神は、個々の人間にとどまらず人類全体の救いと神化を展望するのであって、教父の思索においても前者〔個々の人間〕と後者〔人類〕が切り離して考えられることはぜったいにない。「贖いを待つのはひとつの身体しかありません」とオリゲネスは述べる。[139] そして聖ヒッポリュトスは「すべての者の救いを望む神は、ひとりの完全な人間を形づくるようわれわれに呼びかけるのです」[140]と記す。そうした理由から、われわれに用意されたもろもろの善き事柄は、個人的にとか即座に、その全部が与えられることはない。人類の完全な展開や、救われ神化される機会がすべての人間の実体に及ぶためには時間差があるのである。「この痛ましい生が自分が望むようなものに容易に変えられないこと、それが肉体的な苦しみとともに決められたときまで長くつづくこと、そして人類をその轡《くつわ》から解放してついに至福の受苦不能な絶対的な自由に移行させる全宇宙的な成就の時をこの生が待っている理由」についで問われたニュッサの聖グレゴリオスは、次のような説明をしている。[141] 原初に人間を創造したとき、神は個人をではなく、「われわれの本性の充満《プレーローマ》」を創造した。「神の予知と力とによって、この最初の機序のうちに抱かれたのは人類全体なのです」。神は、アダムが罪を犯し、ついで子を得るであろうことを知っていただけでなく、「あらゆる事柄の限界を掌握する神であり」「人類を構成する個人の正確な数」も知っていた。「人類の十全さは［神の］予知のわざによってあらかじめ考えられ［……］、あらゆる事柄を細心に整え、画定して統治し［……］、［そして］現在同様に未来を見通す神は、人類の建設に必要な時間を前もって定めました。そのようにして、魂をそなえた人間の成長がその数において必要な時間を決め、人類の成長にとって有用でなくなるときに時間の流れが止まるようにしたのです」。かくして「人類の生成の完結とともに」時の終わりが起こり、「人類は変容し、滅ぶべき現世の状態から受苦不能で永遠の状態へと移行することになるのです」。それは「魂の数がもはや増える［必要が］なくなることによって、人類の充満が予定されたとおり終わりに至る［ことになる］」ときである。人間相互の連帯性と、その結果である善き事柄の十全さを受容するための時間差を、詩編作者は強調する。「義人たちは、主がその善き事柄でわたしを満たすときまで、わたしのことを待っている」（詩141〔142〕,8）。このことはとりわけ聖パウロが強調するところでもあり、敬虔な族長たちを念頭に「彼らは約束されたものを手に入れませんでした。〔……〕それはわたしたちを抜きに完全な状態に達することがないようにするためです」（ヘブ11,39-40）と記している。この最後の一節をそのように理解するのがニュッサの聖グレゴリオスであるが、[142] 聖ヨアンネス・クリュソストモスもまた次のように註解する。「アブラハムとパウロが、あなたの幸せが成就するのを待って最高の褒賞を受け取るという、驚くべき彼らの状況を想像してみてください。というのも救い主が、われわれが彼らといっしょに受け取るためにそこにいるのでなければ、それを受け取ることはできない、と彼らに述べたのです〔……〕。われわれ全員がともに栄誉に輝く時代を神はお決めになりました〔……〕。彼らはどうかと言えば、彼らは兄弟のようにわれわれを待つのです。われわれ全員がひとつの身体であるとすれば、いっしょに栄誉に輝くときのこの身体の喜びは、各部分が称えられるときよりも大きいのです[143]」。

人間は、神の国がすでに現存するところの教会の一員である。そうでありながらも、現実の肉体においては、この世の諸条件と宇宙を無秩序にしている罪の諸結果に、服したままの存在である。それゆえ、たとえその現実に、霊的な命という文脈において新しい意味が、神の恵みによって付されたとしても、人間は不可避的に病気や苦痛、生物学的な死に苦しめられる。そこで聖マクシモスは「霊のもとにある者であっても〔……〕、身体の欲求や自然の要求を免れることはできないのです」と書きとめている。[144] またこのことを教父キュプリアヌスは、すべての人間が、その地上的条件のもとで身体面で保持する連帯性を強調しつつ、次のように説明する。「この世にながく生きるほどに、われわれは自分たちの身体がもつ同一性によって、人類と結びあわされます。区別しあうのは精神によってです。そういうわけで、われわれは「この肉体の存在が非腐敗性をまとい、この死すべき存在が不死性をまとう」（一コリ15, 53）まで、肉〔体〕の難点をすべての人間と分有するのです。都市が敵に襲われると、住民は無差別に捕虜にされます。また日照りが降雨へのあらゆる希望を失わせると、すべての人にとって無差別に干ばつが脅威となります。そして、船が四方を岩礁に囲まれると、難破が例外なく乗客全員にとっての運命となります。われわれの目、肢体、あるいは身体一般を冒すあらゆる痛みとはそうしたものなのです。この世界で同じ肉を分有するかぎり、痛みはすべての者にとっての宿命なのです[145]」。

身体が、神の恵みによって、魂と完全にひとつとなり、それに服し、全面的に霊化されるのは、じっさいのところ来世においてでしかない。しかも復活して腐敗することがなくなった後のことである（一コリ15, 44参照）。身体が、この世で魂としっかり結ばれ、神的な働きによって魂とともにある程度まで変容されうるとしても[146]、「自然的な身体」（一コリ15, 44）としての現下の現実においては、固有の本性と定めを負っている[147]。身体は、その組成や存在の様態によって宇宙と分かちがたく結ばれており、それゆえ変化する。その物的な性質から物質の法則の下にある。生きている組織である身体は、生物に固有の生存条件を共有するものであり[148]、その意味で変質や「分裂や衰弱、変化を起こしうるもの」である[149]。「その本性において変わりやすく〔……〕、その本質において不安定である[150]」とさえ言えるかもしれない。こうしてわれわれの現下の身体では「病気から逃れることは不可能であり、老化しないこともありえないのです。というのも、いまのまま変わらずにいること」は、われわれがもつ特性ではないからなのである[151]。身体の部分すべてが、人間自身の意志を完全に超えるものであるだけに、制御したり管理したりできないのである[152]。このことを聖シメオンは「身体の内部における変化の多くが〔……〕、がいして本性《フュシス》に由来するものである」と確認している[153]。

聖人自身もまた、その身体の痛みや病魔[154]、そして最終的には生物学的な死を免れない。このことは、身体の健康と魂の健康とのあいだに必然的なつながりがないこと、また病気や肉体的な苦痛が、それに冒された個人の罪に直接起因するものでないことをあらためて証明するものである。それらは義人とか罪人とかを問わず襲う。「あらゆることがみなに等しく起こる。すなわち同じことが義人にも悪人にも、善良で清い人にも汚れた人にも、犠牲をささげる人にもささげない人にも起こる。したがってその点では善人と罪人、誓いを立てる者と誓うことを恐れる者は同等である」（コヘ 9,2、マタ 5,45 参照）。

聖人は、ときにほかの誰よりもひどく冒されることがある。これには二つの根源的な理由が考えられるかもしれない。ひとつは神の摂理にもとづくというものである。この場合、神が病気や苦痛を生じさせる原因ではまったくないにしても、それを容認し[155]、人間の霊的な向上と、そのうえその者をとりまく人びとの霊的な教化に役立てようとするものであることはありえる。このことは次章で考察する。聖ヨアンネス・クリュソストモスは「なぜ聖人がこれほどまでに苦しむことを神が許すのか」と自問し、八つの解答を提示する。「それは第一に、聖人の崇高な徳性とすばらしいわざに、彼らがうぬぼれないようにするためです」（二コリ 12,7 参照）。「第二に、敬うべき人間以上に彼らを崇め、ただの死すべき者としてでなく神々とみなされることへの恐れからです[156]。第三に、主の力がいっそう示されるためです」。なぜなら主の力はとりわけ弱さのなかにこそ発揮されるからである（二コリ 12,9 参照[157]）。「第四に、聖人自身の忍耐がさらに輝いて見えるためです。そして彼らが打算から神に仕えるのではなく、試練においてもやはり神につねに忠実であるというように、澄みきった愛をもっていることをわからせるためです［……］」。第五に、それはわれわれに死者の復活を観想させるためです。高徳の義人が無数の病を患った後にはじめて息を引き取るのをみるとき、われわれはかならずもきたる審判に思いを馳せるからです」。それは神の正義が示される審判です。「第六に、より敬虔な人びとが自分たちと同じか、もしくはそれ以上の災いを経験するのをまのあたりにして、逆境にある者が心の荷を軽くし、慰められるためです。第七に、聖人たちの崇高な言動から、彼らがあなたとはまったく異なる本性をもち、彼らにならうことなど不可能だとあなたが考えてしまうことがないようにするため［……］です」（ヤコ5,17、知7,1参照）。「最後に第八として、幸福と不幸とがなにによって真に成り立つのかを知らせるためです」[158]。真の幸福は、有徳な生き方をつうじて神と結ばれていることであり、唯一の本当の不幸は、神から離れていることなのである。

霊的に生きる者が、しばしばほかの人たち以上に病気に冒されるもうひとつの根源的な理由は、それが悪霊の直接の仕業であるかもしれないことである。悪霊は、そうすることで彼らを困惑させ、内面をかき乱し、大切な使命から彼らをそらせようとする。教父エヴァグリオスがたびたび強調するのは[159]、祈りによって人間の心が神とひとつであるときに、その人の魂に足場をもたず、それでいながら困惑の種をまこうとたくらむ悪魔は、その人の身体に躍りかかるしかない、ということである。そこで悪魔は力を振るい、その人の身体の組成［*krasis*］を変える。身体と魂とのつながりを介して、悪魔は身体を損ない、魂をかき乱すことで祈りのなかに妄想とか幻想を生じさせ[160]、また情念をかきたてようとする[161]。これに関連して聖ヨアンネス・クリュソストモスは「身体の組成にじっさい大きな変化が起きないとしても、魂の働きの大半が乱されてしまう」[162]と指摘する。まぎれもない病気に至ることがあるとはいえ、そうしたしばしば程度の軽い動揺とは別に、悪霊は異なる様態やほかの状況のもとで、霊的に生きる者の身体に深刻な不調を引き起こし、恐ろしい苦痛を与えることができる。聖スンケレティケーは「安定した精神に敗れた悪魔は、身体を病気にする」と指摘する[163]。じっさい悪魔は、人間がその全存在をあげて神を賛美することが我慢できないのである。疾患によって悪魔は、霊的に生きる者の体力を衰えさせ、それによって彼らの気力を失わせるとともに、礼拝にたいする集中力を下げさせようとする。健康を保つのに必要な余力を奪うことで、悪魔は彼らの警戒心を失わせ、注意力を削ぎ、誘惑への抵抗を減らし、修徳の努力を無に帰そうとする。そして神の手助けに絶望するように駆り立て、しかもできることなら神を呪うようにさえ仕向ける。〔前出の〕ヨブの事例は、義人たちが遭遇するそうした悪魔的な手立てを、とりわけ明白なかたちで物語るものである。『ヨブ記』の導入部は、病気を起こすために悪魔がじかに行動するだけでなく（ヨブ 2, 6-7）、そのようにして悪魔が追求する目的も明らかにしている（ヨブ 2, 5）。しかし同じ『ヨブ記』にあるように、病気と苦痛が、神によって引き起こされるものではないにしても、神の摂理の計画に含まれることはありえる。すなわち神は、悪をなす悪魔もしくは人間が、その自由意志を行使するようにさせておくが、苦しむ者が苦痛を自分の霊的な善き事柄に役立てることができるようにすることで、引き起こされる結果を回避もさせるのである。神は、悪魔のふるまいに一定の歯止めをかけ（ヨブ 1, 12、2, 6 参照）、また耐えられる以上の試練に人間がさらされることを容認しない（一コリ 10, 13）ようにしながらも、悪魔がそうした災いを霊的に生きる者に課すままにする。なぜなら、それらを神によって耐え忍べる者は、自身のほかの手立てによっては得られなかったに違いない数えきれないほどの霊的な恩恵を、そこから引き出せることを神は承知しているからである。

身体の病気と魂の病気

後段の事案では、個人の罪－病気という因果関係が否定されているだけでなく、逆転すらしている。身体の病気が、魂の病気から直接生じるどころか、逆に魂の健全さから引き起こされるのである。こうした因果関係の齟齬は、重い病気を患う聖人がいると同時に壮健な身体に恵まれた数多くの重罪人が存在する、という事実からの反対推論によっても確認される。この二重の逆説がもつ意外性は、聖書の数多くの箇所に登場する（たとえばエレ 12, 1、5, 8、ヨブ 21、詩 72, 4-5、マラ 3, 15 を参照のこと）。

教父は、しかしながら病気が、それを患っている者の罪の犯しやすさと、多くの場合、関連しうるものであることを認めている。[164] そこで聖マクシモスは、原則として「病気はわれわれのせいではない」と断ったうえで、放埓な生活が病気の原因となりうることを主張する。[165] 聖バルサヌフィオスも同様に「怠慢や放埓に起因する病気[166]」について言及している。聖ニコラオス・カバシラスはいっそう明快に記す。「魂の精神的頽廃から肉体上の病気を発症させる者がいるのです[167]」。

「情念が身体にそのしるしを刻む[168]」程度に応じて、とナジアンゾスの聖グレゴリオスが指摘するように、「病気が情念によって生じることがある」[169] のは、サロフの聖セラフィムとともに、認めざるをえない。聖ニケタス・ステタトスは、自愛心もしくは利己主義的な自己愛を、全般的に糾弾している。[170] その自愛心を東方の修徳的伝統は、ほかのあらゆる情念を生みだし、ある意味でそれらをおもに包含する本来の情念として捉えている。[170] だがとりわけ問題となるのは、修徳的伝統が「身体的」と形容する情念である。それは、それらが身体そのものに源泉があるからではない。それらが身体なくして具現することがないからであり、しかも情念自身がもつ性向に支えられているからである。これには食事にたいする情念〔*gastrimargie*〕[171] や淫欲[172] のほかにも、無力感や身体を麻痺させる魂の消耗状態[173]、そしてよく知られた生理学上の障碍が起こったときにそれらにともなってあらわれる怒りっぽさがあげられるが[174]、さらに恐怖[175] や悲嘆[176] をくわえることもできる。

こうした情念と結びついた病気とは別に、個人的な過ちの直接の結果であると明らかに考えられる疾病のいくつかを、聖書に見出すことができる（民 12, 10、王下 5, 27、代下 21, 18、26, 19、サム上 3, 18〔4, 18〕を参照）。たまさかのこれらの事例は肯定的に読むべきであろう。神の怒りによる意地悪い、もしくは反射的な懲罰をそこに無邪気に見出すのではなく、救いという神慮の方途を読みとるべきである。それらの方途は、身体におきた突然の惨禍をとおして当該者に魂の病気や神との隔たりを再考させるのに、いちばんかなっている。そのうえ、そうした機会に病気や苦痛、そして死をすべての人の罪に結びつける根源的、存在論的な関係についてほかの者たちにも発せられる警告を、そこに見出すことができる。そしてそれはそれらの者たちを悔い改めへと招くのである。

これらの個別の、またそれゆえに印象深い事例のほかに、魂の状態が身体の状態に及ぼす全般的な作用も否定できない。それは一方で、それらが人間の組成のなかで密接に関係しあっていることによるのであり、また他方では、それらが前述した霊的なつながりをもっていることによる。この作用は、罪に支配され、情念のうちに生きる人間にとっての病因となる。霊的な乱れは、魂と身体の変調のかたちをとって不可避的に表出する。そうした変調は経験の浅い観察者には気づかれないことが多いが、霊的な人間であれば、表情にあらわれたしるしを読みとるなり、その判断力によって徴候をいくつかの状況において感じとるなりすることを知っている。これとは反対に、神人一体的な修徳によって情念を浄化している人間の場合、魂が身体に及ぼす作用も清浄なものとなる。魂が、神の平和と恵みの理法に参画するとき、魂は身体の機能にこの平和と秩序を伝達する。[177] そのようにして多くの霊的な人間が長寿を保ち、身体の内奥に至るまで驚くべき活力と思いがけない若さを失わずにいる。[178] 聖人には、身体による苦痛や腐敗の試練にのぞむ者がいる一方で、神の恵みによって魂のうちにかなえられた健康を示すことのできる者がいる。彼らの身体には神的な働きが浸透し、物質が通常たどる行程を超越した定めを示す。聖ヨアンネス・クリマクスはこの点についてつづっている。「人間が、内的に神の愛とひとつとなり溶け合うとき、ちょうど鏡のなかの優美さのように、魂の輝きとその澄みきった境地が身体に写り輝くのが見えるのです。それがモーセに起きました。神の前に立つ恩恵に浴すると、彼の顔は光輝くようになったのです[179]」。さらに次のようにも述べている。「これらの人びとの腐敗しなくなった身体は、ほかの人びとほど病気になりやすくないと思われます。どこまでも清らかな神の愛の炎によって浄化されたことで〔……〕、彼らはどのような腐敗にも服さなくなったからです[180]」。彼らは、キリストによって全人類に保証された変容と復活のはじまりを、この世界で最初にかなえる者となっている。また「魂と身体の最高の医者」による人間本性の完全な治癒にもとづくあらゆる病気の終わりを、すべての人間の前で立証する。彼らは〔いわば〕前駆症状を示す者として、神の国の高次の、そして窮極の健康状態を保証しているのである。

健康のあやふやさ

ところがこの地上では、身体の健康は決定的に勝ちとられた善き事柄とはならない。それは聖人にかぎらずあらゆる人間にもあてはまることである。しかもその健康は、この世界では絶対的なかたちで存在することがなく、つねに部分的で一時的な平衡をとるものでしかない[181]。それは重くない病気の状態とすら言えるのかもしれない。理想的な健康という概念すらも、現状ではそれがわれわれのいかなる経験とも符合しないゆえに、われわれの人間観にはあてはまらない[182]。われわれの現下の条件のもとでの健康とは、つねにある意味で、症状があらわれないかぎりでの病気であり、もしくは（そして）重症さに欠けるために、それとして捉えられないものなのである。[183]

第二章　病気の霊的な意味

健康と病気がもつ両義性

「人間についての事柄で、徳性ほど文字通りの意味で堅持するに値するものはありません。それは神へとわれわれを導き［……］、われわれをたえずこの万古不易の善き事柄と結びつけてくれます。反対に、悪でしかないのが罪であり、善き神からわれわれを引き離し、邪悪な悪霊へと結びつけます。善にせよ悪にせよ、それらを用いる者の健康状態は関係がないのです」[1]と聖ヨアンネス・カシアヌスは記している。

身体の健康が正常な状態の人間の本性と、すなわち楽園における本性の条件と関係しているのはまちがいないことで、それゆえ人間の本性そのものは善き事柄とみなすことができる。[2]しかしながら別な観点に立つと、もし健康が正しく扱われるのでなければ、[3]すなわち神の善き事柄を見据えて扱い、キリストの掟を守り、神を称えるためのものでなければ、それは人間にとって無駄なものであり、本当の善き事柄とはならず、うわべだけの善いものとなる。[4]そういうわけで聖バシレイオスは「健康は、それをもてる者に善いことをもたらさなければ、本来的に善いものに含まれません」[5]と記す。健康が、自分の救いへの関心を失わせ、自分ひとりでこと足りると錯覚させて人間を神から遠ざけ、さらに偽りの幸福感を得させるなら、それは害にさえなる。それは、神がそのうちにみずからをあらわす弱さ（二コリ 12, 9）という真の力（二コリ 12, 10）の代わりに、人間を弱くする肉の力をもたらす。しかも情念に身を任せるために用いる健康であれば、それはいっそう大きな悪であり、不義のための道具となる（ロマ 6, 13）。「それゆえ罪へと導く愚かな健康をさげすむことを知るべきです」[6]とナジアンゾスの聖グレゴリオスは助言する。

では病気はどうかと言えば、次のようなときにそれ自体において悪しきものである。すなわち病気が、アダムの犯した罪の結果であるか、あるいは神の恵みが失われた世界で犯される邪悪な行為の結果である場合、あるいは神が世界と人間を創造したときに望んだ秩序の否定となる場合である。だがそれが悪しきものであるのは、身体の肉体的な本性についてだけのことである。人間がそうした本性に完全に身をゆだねるのでなければ、魂に打撃を与えることができないだけでなく、おのれの根源的な存在性や霊的な本性を損ねることはできない。まさにキリストの教えにあるとおり、人間は地獄で魂と身体を同時に滅ぼすかもしれないことを恐れなければならないのであって、魂を殺さずに身体を損ねるかもしれない事柄を心配する必要など毛頭ないのである（マタ 10, 28）。病気自体には人間を神から引き離す力がない。このため霊的な視点から考えれば、人間にとって悪しきものとみなすことはできない。聖ヨアンネス・クリュソストモスも「魂が健康なら、身体の病気は人間にいかなる不利益ももたらしません」と書きとめている。[7]したがって病気は表面的に悪しきものであるにすぎない。[8]病気は人間にとってむしろ善きものとさえなりうる。[9]もし上手に用いるなら、[10]人間はそこから大きな霊的な果実を引きだすことができるのであり、そのようにして最初は滅びのしるしであったものを、救いの手立てとするのである。[11]聖ヨアンネス・クリュソストモスは次のように述べている。「正確を期せば、病気［……］やそうした類のもののように、悪でない悪が、その呼び方がどうであれ、存在します。もしそれが本当に悪いものであれば、われわれにとってこれほど多くの善き事柄の源泉とはならないでしょう」[12]。同様に聖ヨアンネス・カシアヌスも記している。「どうしてそこに重大な災いを見出すことができるでしょうか。それらは多くの人にとって善いことに役立ち、それらの人が永遠の大きな喜びを得る手立てを与えるのですから」[13]。

そこでナジアンゾスの聖グレゴリオスは「どのような健康であっても讃嘆するのではなく、またどのような病気であっても嫌悪することがないようにしましょう」[14]と最後には助言する。

この結果、特定の場合に、そして人間にとって霊的に善いことであるという観点から、逆説的だが病気が健康以上に善い事柄であるとみなされ、それゆえに好まれることがある。[15]ナジアンゾスの聖グレゴリオスは次のように書きとめる。治療が追求する目標は「健康もしくは肉体の望ましい状態を、それまで保持していたのであれば回復することであり、もし失っていたのであればとり戻すことです。しかしながら、そうして手に入れたものが有益であるかどうかは、かならずしも明白でありません。じっさい患っている者にとっては、しばしば逆の状況のほうがいっそう有益であることがあるのです」[16]。自分の病気や施療している者の病気に直面して、健康をまずとり戻すことよりも、霊的にもっとも有益な事柄を神に願い、しかもそうした病にふさぎ込むかわりに、そこから得られる善いことを喜んでいる数多くの霊的な人間がいることをわれわれはたしかに知っている。[17]

病気と苦痛の肯定的な意味

とはいえ、このような見地は、病気に肉体的な本性を超える意味と窮極因があることを、われわれがそれと認めていることを前提とするものである。

たしかに病気のことだけに思いをめぐらせることは、否定的で不毛な気持ちにさせる。またその不条理性にたいする感情から生じる倫理的な不安が、身体の苦痛を倍加させるのはほとんど避けがたい。そうした見地は、悪霊の勝手な行動を許し、恐れや苦悶、怒り、無力感、反抗心、絶望といった魂を動揺させる情念に火をつけるという結果を招くのが一般的である。こうした状態は、身体の負担を軽減するどころか、むしろ苦しむ者の症候をしばしば悪化させ[18]、そのうえとりわけ魂を患わせる。そのように体験された病気は徒労そのものであり、人間が霊的に衰弱するもととなって、魂を、身体以上にとは言えないにしても、危険にさらすのである。

この危険を前にして教父は「われわれが病気に罹るのは無駄なことでも理由がないわけでもありません」[19]と強調するのであり、また病気に冒されたときは用心深くあるようわれわれに勧める。[20]そしてわれわれが病因や治療法に最初から心を奪われるのではなく、神とわれわれとの関係のなかで病気がもつ意味を把握し、われわれの救いという展望のなかで病気がもつかもしれない、その肯定的な役割に光をあてるようわれわれに勧めている。聖マクシモスは「試練の時が不意に訪れるなら［……］、その目的を追究しなさい。そうすればその役立て方も見出せます」と助言する。[21]そして、いま苦しんでいるのであれば、はじめからそれに支配されるままでいないで、魂や存在全体、生存全体すらもそのなかに閉じ込めようとする苦痛の限界を超克することが望ましいのである。この二重の観点に立って、ナジアンゾスの聖グレゴリオスはある病人に次のように助言する。「神的な事柄にすぐれて精通しているあなたが、一般人と同様の感情をあらわにし、体をたわめ、不治であるかのように苦痛にうめくことをわたしは望まないし、よいことだとも思いません。あなたはむしろ自分の苦痛についての思索をし、［……］自分を束縛するものよりも自分が上位に立ち、善きものへと向かうすぐれた道程を病気のなかに見出さなければならないのです[22]」。

自分の病気とその苦痛にかんして思索するということは、なによりも人間が負う条件についてそれらが明らかにする事柄を考察することである。

病気はアダムが犯した過ちの帰結であり、永続する罪と、神の恵みが失われた世界における邪悪な行いの結果である。[23] そうした病気は、神から離れた人類の惨めさをあらわす。身体の腐敗と苦痛のなかで、人間は自分の地上的な存在としての弱さや、この世界における生存のはかない性格を痛感させられるのであり、一般論としていえば、自分の脆弱性や欠陥、依存性や限界を感じるのである。[24] 身体の病気は、神の恵みを失ったあらゆる存在の病を想起させる。健康を失うことは楽園状態の喪失の象徴と映り、またその顕著なしるしにすらなる。病気と苦痛は、魂を身体の限界状態に追い込む。そして、持続するものであると思っている健康が人間に抱かせる幻想、すなわち人間がそれまでもつことのできた充実感や自足感を崩し去る。病気と苦痛は、人間の貧しさと、存在論的な意味で裸であること（創3,7）すらも諭し、自分たちが塵であること（創3,19）を思い起こさせる。人間は、もはや自分を絶対者とみなすことができず、その根源的な思いあがりが打ち砕かれる。病気が果たすその建設的な役割について聖ヨアンネス・クリマクスは「病気には、ときにわれわれの心を謙虚にさせる目的があります[25]」と書きとめている。同様に聖ヨハネス・クリュソストモスも「われわれが病気を患うのは善い事柄のためです［……］。気持ちのたるみによってわれわれのうちに芽生える思いあがりは、その弱さとそれらの不幸のなかに、その治療薬を見出すからです[26]」と述べる。そしてそのような「制約」を得なかったことから、「元始における最初の人間は、まず思いあがることに駆られたのです[27]」と指摘する。サロフの聖セラフィムはいっそう簡潔に、病気によって「人間は正気にかえるのです[28]」と書きとめている。

病気は存在を揺るがす。そのため、それまでの偽りの精神的な安定をしばしば再考させ、人間にその生存の土台について自問させる。病気は、現世にたいする執念をみごとに削ぎ[29]、それによってその空しさを示し、限界を超えさせる。「病気は魂の地上的な意味を矮小化する」[30]と聖ニケタス・ステタトスは指摘している。肉へと疎外させる要因を浄化され、苦痛によって研ぎ澄まされた知性は[31]、別の霊的世界を理解する。そして、その知性自体に不相応な意志が切望させることによって、魂全体をその別の世界へと引き上げるのである。それゆえドストエフスキーは次のように記した。「健康な人間はつねにこの地上の、物質的な人間である［……］。ところが病んで、おのれの器官の通常の、地上的な秩序が狂いはじめるやいなや、ただちにその者に別の世界の可能性が浮上する。そして病気が悪化するにしたがって、その世界との関係はいっそう親密となるのである[32]」。

そのように理解され、体験された病気は、「死に定められたこの身体」（ロマ7, 24）の重みによって人間を押しつぶすことがなく、反対に神に目を向けさせるのであり、神に再−結合させ、神とその根源、その真の目的に近づかせる。そして人間の知性に叡智を、つまり世界と自分自身、そして神についての真の認識を、とり戻させる。また人間の意志を厳正にし、創造者の意志に忠実であるようにさせる。聖ヨアンネス・クリュソストモスはこれを次のように明快に述べる。「神が［病気を］認めたのは、われわれを貶《おとし》めるためではなく」、「われわれがよりすぐれ、より賢明で、そしてあらゆる救いの土台である神の意志にいっそう忠実となることを望んだためなのです[33]」。

摂理のあらわれ

したがって病気において神の摂理が働いていること、そして病気について思索することが、またわれわれに向けられている神の目的や意図を見出そうとすることにほかならないことがわかる。あらゆる病気において、神はわれわれの救いについて語っているのであり、その救いの成就を手助けする意志があることを示している。

病気が神の教育法であることを、教父はしばしば強調する。[34] また同じ趣旨で、神が人間にたいして、その罪ゆえに課す矯正であるとも言っている。[35] この表現を、処罰とか懲罰とかいうときの否定的な意味合いで理解してはならない。むしろフランス語が派生する語源となったラテン語の動詞 *corrigere* がもつ肯定的な意味あい、すなわち立て直すとか改める、改善する、治癒するといった含みをそこにくみ取るべきである。[36] この見地に立てば、病気は神が望んだこと、もしくは少なくとも許したこと、いずれにしろ人間のために手立てとして用いていること、[37] ということになる。それは、罪によって歪められ、堕落させられたものを神によってもとに戻し、また霊的な病気を治すことを目的としているのである。[38] 逆説的ではあるが、こうして神の摂理によって、身体の病気は魂を治癒する薬となる。シリア人の聖イサークは「身体の病気と苦痛に悲嘆する」人間に向けて語りかけ、次のように記している。「自分自身を見つめ、自分の内なる人間の健康のために真の医者が贈る多様な薬について考察しなさい［……］」[39]。またさらに「神は、魂の健康のために病気を生じさせるのです」と断言する。[40]

病気にともなう不快感や不安、痛みは、したがって医師が処方する薬がたいていの場合、必然的に引き起こす副作用と同じようなものとして捉える必要がある。そこで聖ヨアンネス・クリュソストモスが指摘するのは、もし薬のもたらす副作用を認めるのであれば、ましてや医者の施療よりいっそう根源的な神の治療を受け入れるべきではないか、ということである。「医者は、温泉治療や栄養食を処方したり、花の咲く庭を散歩するよう指示したりするときだけでなく、焼いたり切ったりするときも医者なのです［……］。同様に、医者以上にわれわれを愛するのが神なのです。そうであれば心配は無用ですし、どのような処置をするのかを尋ねてはなりません。神が寛大であるのか、それとも厳しくあろうとするのかは、神の手にゆだねましょう。どのような手立てであっても、そのようにするのはつねにわれわれを救うためであり、われわれを神に結びつけるためなのです」[41]。同じ趣旨で、聖ヨアンネス・カシアヌスは、病気の疼痛が特定の薬を使ったときの痛みのようなものであることを指摘する。主観的には災いであっても、客観的には苦しむ者のために役立っているのである。「苦しみは、厳密に言うならば、災いではありません。しかしそれをこうむった人には苦痛なのです［……］。事実、病根の手荒な治療がときに有益であり、また執刀する医者の手が情け深いとしても、患者にとっては災いでしかないのです［……］。どのような教導も、それに取り組もうとする者にとっては、すぐに耐えがたく感じられるものです。使徒が述べているとおり「たしかに矯正はどれも、その当座は喜ばしいものではなく、憂鬱の種に感じられます。ですが後になると、それに服した人びとに平和と義の実を結ばせるのです」（ヘブ 12, 11）」[42]。

神は、われわれが必要とするものをわれわれ自身よりよく知っている[43]。神は、霊的にもっとも有益なものを各人に与える[44]。神は、各人の人柄や固有の境遇、特別の事情にもっともかなった方法で治し、救う[45]。神がしばしば病気を用いるのは、それが罪のために精神が眠っている人間を、目覚めさせるのにとりわけ適した方法だからである。身体がこうむる災いをとおして、それよりも潜在的なかたちで魂を侵す災いを意識させるのである。そうでもなければ人間はそれに無関心でありつづけるであろうし、いずれにしてもあまり注意を払うことをしないであろう。そのことを指摘しているのが聖ヨアンネス・クリュソストモスである。「魂が患っていても通常、われわれはまったく痛みを感じないのですが、反対に身体の具合が少しでも悪いと、そのちょっとした病気から解き放たれようと全力をあげます。それだからこそ、魂の罪ゆえに神はまさに身体を罰するのです。それは、それほど大切でもない部分への罰をつうじて、人間にとってもっとも大切な部分を健康にするためなのです。そこで聖パウロは、コリントの近親相姦者を正し（一コリ5）、魂を治癒するために禁欲しました。身体につけた切り傷が悪徳を治したのです」[46]。パウロはまた、怠惰にむち打ち、活力を刺激し、覚醒しているといった、病気が霊的な面でもつ力についても言及している[47]。シリア人の聖イサークは、同様の趣旨で、病気は「人びとが怠慢のまどろみに負けることがない」ようにし、また「人びとの精神を目覚めさせておく」ために、「人間を見守る者」がその愛する者にときに身体の病気を患わせるのであり、そうした便法によって彼らが神に近づくことができるように助けている、と教える[48]。またさらに、神がさまざまな仕方でわれわれが「自分の命を見出し」、神の国にたどり着く機会を与え、神が「われわれをいたるところで救うようにしている」と説く。すなわち自発的な修養にいそしむ者に「神の憐れみをもたらし、人間にたいする神の愛がこの者を力づけるようにする」。反対に、「本来の命を得るための意志が弱すぎる者の魂」を、「神は［彼らが］望まない不幸をとおして徳性へと導く」のである。とはいえ、人間は二つ目の仕方によっても最終的には一つ目の場合と同じ善きものに到達するのであり、それゆえ「哀れなラザロは、みずから望んでこの世の善きものを奪われたのではなかったのですが、その身体はできものだらけでした［……］（ルカ16, 19-31）。しかし最後には父祖アブラハムの懐に抱かれる栄誉を得たのです」[49]。

霊的に向上する機会

罪ゆえに人間が病気を患うという場合、二つの捉え方がある。ひとつは、病気が祖先の犯した罪の結果として、あるいはアダムの子孫たちの罪と関係する事柄として生じるか、もしくは個人の罪の結果であるというものである。もうひとつは、人間の罪が清められるために神が与える手立てとして生じるというものである。教父たちは、病気のこの浄化《カタルシス》の働きをたびたび強調している。[50] これはそれ以前に、使徒の聖ペトロが「肉によって苦しんだ者は、罪を清算した者である」（一ペト4, 1）と言明していることにもとづく。聖ヨアンネス・クリュソストモスは「われわれの身体がこうむりうる不幸、病気〔悪しき一日〕、悪い健康状態、災い〔……〕は、われわれの犯した過ちの赦しに数えられるものです」と述べる。[51] 彼はそれらの災いのなかに「われわれを清める、燃え盛る火[52]」を見ている。聖バルサヌフィオスは弟子のひとりに「神があなたの身体を苦しむままにしておくのは、いずれもあなたの過ちをそれだけ軽減させるためなのです[53]」と書き送っている。聖女スンクレティケーは「病気や身体の衰弱、〔……〕それらすべてはわれわれのため、欲望を浄化するためなのです[54]」と教える。同じ意味のことをシリア人の聖イサークも「不幸は情念の快楽を殺ぎます[55]」と書きとめている。また聖ヨアンネス・クリマクスは「病気には、ときにわれわれの罪を浄化する目的があるのです[56]」と指摘する。そこで聖ヨアンネス・クリュソストモスは以下の逆説を強調する。「罪ゆえに痛みが科されるのです。しかしこの痛みがわれわれを罪から解放するのです〔……〕」。罪が痛みを生みだし、痛みが罪を滅ぼすのです[57]」。そしてここで行われた転換を預言者の聖イザヤは称える。「見よ、わたしの苦痛こそがわたしの救いとなった」（イザ38, 17）。

身体の病気が、魂の災いの薬として、こうして役立つことがあるのはキリストの恵みによる。元来人間の堕罪の結果であったものが、その救いの手立てとなりえるのである。証聖者の聖マクシモスは、キリストがその受難をとおして、痛みがもつ意味をどのように転換させたのかを明らかにしている。それまでは、痛みはもっぱら罪がもたらす結果でしかなく、ある意味でわれわれの本性がそのために支払うべき負債であった。しかしわれわれのためにキリストは不当に苦しむことによって、痛みが罪を裁き、神の命へと至らせる手立てとしたのである[58]。洗礼によって人間は、恵みによりキリストの受難、死、復活の参画者となり、この苦痛の変容を自身の現存のなかで生じさせる力を、聖霊から受けとるのである。

　病気とそれにしばしばともなう苦しみは、人間が神の国に入るために通らなければならない多くの試練の一部をなす（使14, 22）。それらはひとつには、キリストにふさわしくあるために人が手にとり、背負わなければならない十字架である。キリストが切り拓いた救いの道に付き従うことである（マタ10, 38、16, 24。マコ8, 34。ルカ9, 23、14, 27参照）。また洗礼によってキリストから受けた恵みを全身で生き、自分のものとし、キリストとじっさいにひとつとなり、キリストとともに復活し、キリストとともに生きるためにいっしょに苦しみ、そして死ぬことである（二コリ4, 10-12）。聖マカリオスは次のように教える。「聖霊によって生まれ、自分も神の子と呼ばれるためにキリストにならおうとする者は、遭遇するかもしれない不幸を、［とりわけ］身体の病気を、なによりも勇気と忍耐をもって耐えることが望ましいのです[59]」。他方、シリア人の聖イサークは「キリストの苦痛をよく知って経験しなければ、魂がキリストと交わることは絶対にありません」と主張する[60]。

　病気とそれがともなう苦しみは、禁欲や古い人間を特徴づける情念を根絶することに役立つために[61]、そうしたことを第一に目的とするさまざまなかたちの修養（断食、徹夜の祈り、さまざまな形式の肉体修行）と比べられる。[62] そこでは痛みは「身体に巣くう罪の犯しやすさを封殺し、粗野な情念を生じさせる心を鎮めてくれます」[63] と聖グレゴリオス・パラマスは書きとめる。そうした結果、病気や苦しみが修徳的な修行の代わりとみなされて、病気に冒された者がそれらを免除されることがある。聖女スンケレティケーは「断食や床に身を横たえることは、欲望が存在するゆえに必要なのです。そこでもし病気がこれらの欲望を鎮めてくれるのであれば、それらの修行の存在理由はなくなります」と教える。[64] その反対に、伝統的な修養を自分自身に課す者は、病気の苦しみをしばしば免れている。[65]

　病気をとおして神が人間の罪と情念を清めるとき、神は同時に人間が徳性への道をふたたび見出し、向上する機会を与えている。[66]「神はわれわれを苦しめれば苦しめるほど、われわれを完璧にするのです」と聖ヨアンネス・クリュソストモスは記す。[67] 病気とその苦痛は、ほかの苦難とあわせて、一般的にいって徳性と高潔な生き方を見出すための条件ですらあるように思われる。シリア人の聖イサークは「徳性を愛する者は［……］、病気や精神的苦痛によって身体がかならずや苦しまざるをえないのです」と記している。[68]

　病気であるとき、キリスト者はまず自分の信仰を証し、堅固にする機会を見出すものである。教父キュプリアヌスは次のように書いている。「われわれと神を知らない者との違いは、後者が不運を嘆き、呪うのにたいして、われわれにとっての不幸は、われわれを真の勇気やまことの信仰から遠ざけるどころか、むしろ痛みをつうじて堅固します。それゆえ、はらわたが引き裂かれて力尽きたり、強烈な火が体のうちをのどまで焼き尽くしたりしても、また吐き気で体力をたえず消耗するか、もしくは目が真っ赤に充血しても、あるいはついに壊疽にかかって手足の一部を切断することを余儀なくされるか、もしくは障碍によって足や視覚、聴覚を突然失うかしても、これらすべての災いは、またわれわれの信仰を深める機会であるのです」[69]。

第二に、キリスト者にとって病気は忍耐という基本的な徳目を身につける機会となる、ということである。[70] しかも徳目の最上位に到達させることすらある。なぜなら「忍耐一般がほかの徳性よりまさっているとするなら、痛みにたいする忍耐は、ほかのいかなる忍耐よりもまさっている」からである。そのようにつづる聖ヨアンネス・クリュソストモスであるが、[71] 彼はこのことを「病気はあらゆる災いのなかでもっとも耐えがたいので、病気を耐えることが忍耐をとりわけ示すことになるのです」[72] と説明する。

このようにして示された忍耐から霊的に善い事柄が多く生じる。[73] この徳性は、じつにほかの多くの徳性の源泉である。聖パウロが教えるとおり、その第一は希望にほかならない。「苦難は忍耐を、忍耐は試練を経た徳性を、試練を経た徳性は希望を生む」（ロマ5,3-4）のである。

病気は同様に謙虚の源泉となる。[74] このことはとりわけ霊的な道の頂にまだ到達していない者にあてはまる。フォティケーの聖ディアドコスは「まだ並みの霊的経験の段階にある信仰の競技者を、より謙虚な気持ちに鍛えあげるのは［……］身体の障碍です」と記している。[75] 同様に、聖ニケタス・ステタトスは「高潔な人生の第一歩を歩み出す者にとって病気は有益です。病気は燃えるような肉欲を消耗させ、屈服させるのに役立ちます。というのも、病気は肉欲を衰えさせ、魂のその地上的な意味を失わせるからです」[76] と書いている。

そのうえ病気にともなう苦しみは人を悔い改めさせる。[77] また痛恨の念を呼び起こさせ、[78] 祈りにたいする好ましい心構えを魂にもたせる。[79] そして今度はこれらの効果が多くの果実をもたらすことが明らかとなる。というのは、それらの果実が霊的な生活全体の大切な原動力であるからである。

しかしながら、病気による情念の浄化とか徳性やさまざまな霊的に善い事柄の会得は、病気自体やそれにともなう苦しみがもたらす結果ではないことを自覚する必要がある。それらは患ったときにもたらされる神からの贈り物なのであり、それらを享受するために人は相応の態度をとること、つまり受け取る準備が整っていることを示し、神に顔を向け、その恵みに心を開き、同化するように努めなければならない。人間は、自分たちの霊的な向上と救いに向けられた神のわざへの、積極的な協力者とならなければならないのである。

病気はじっさいひとつの試練である。[80] 病気は患う者をヨブの状況〔『ヨブ記』参照〕におく。[81] つまり病者は、自分のなかに閉じこもって高慢な態度をとるか、誘惑となるいろいろな情念に身を任せるかして、神を呪うなり、少なくとも離反するか、もしくは遠ざけるなりするよう悪魔に誘惑される。そうしたなかで神は、病者が神への専心をあますところなく示すことのできる機会を与えようとしているのである。神は、神といっそうしっかり結び合わせるための贈り物である徳性を、試練に打ち勝つ努力によって、十全に会得する機会を病者に与えようとしているのである。

神の助けと人間が果たす役割

試練に打ち勝ち、その勝利の果実を享受するためには、人間はまず病気とその苦しみをじっと耐え、それに服し、こもり、打ちのめされるのでなければならない。またその反面、神の救いを待ちのぞみつつ、覚醒した精力的な態度を堅持することが求められる。聖バルサヌフィオスは「気持ちがくじけないように闘わねばならず、そうしたとき救いの手が差し伸べられるのです」と教導する。[82] そして彼は、以前罹った病気について「わたしはなんといってよいかわからないほど体力を失っていましたが、自分を見失ってはいませんでした。主がわたしを元気にしてくださるまで、わたしは闘っていたのです[83]」と告白する。

神は試練をもたらすと同時に、それをしのぐための手立ても授け、なかんずく敵である悪魔のそそのかしに堪える力を与える。病者はそのことを知るべきである。そこで聖バルサヌフィオスは次のように助言する。「くじけないようにしましょう。人間の弱さをわれわれ以上によくご存じの憐れみ深い神がいるのです。たとえ神がわれわれを試練にあわせるために病気をもたらすとしても、少なくとも使徒が次のように語るとき、慰められるのです。「神は忠実です。限度を超える試練にあなたたちがあうことを認めないでしょうし、試練にあっても、あなたたちが耐えられるようにするでしょう」（一コリ 10, 13）」[84]。たとえ神の助けがなかなかないとしても、艱難はいずれにせよ永遠に続くものではなく、神が人間に手を差しのべないでいることは絶対にないのである。聖バルサヌフィオスはまた次のようにも助言する。「辛抱強くいられるように覚醒していなさい。絶望してはいけません。気を落としてもいけません。というのも「わたしはけっしてあなたを放っておかず、見捨てることもしない」（ヘブ 13, 5）と語る神は、すぐ近くにいるからです」[85]。神がときに人間を待たせることがあるとするなら、それは信仰や希望、忍耐、そのほかそうした状況で示されるあらゆる徳性をいっそう堅固にする機会を、人間に与えるためである。神にすぐさま治癒されないのは、病人にとって霊的にはより有益なことなのかもしれない。そこで聖バルサヌフィオスは、病気を治すための執りなしを求めた弟子のひとりに次のように知らせた。「わたしが祈っていると、主はわたしに次のように語ったのです。「それが肉体の苦しみであるとしても、わたしが彼をつらい試練にかけるのは、その魂のためであることをわかりなさい。それは彼の忍耐のほどをわたしが知り、また彼がどのような遺産を受け継ぐべきであるのかをその祈りと苦悩とによって見定めるためなのである」」[86]。

病者は、それが自分の身体の状態に起因する弱さであればあるほど、落胆しないよう心がける必要がある。それは霊的な戦いにおいてけっして不利な条件とはならない。むしろまったく反対に、聖パウロが教えるように、むしろ弱さのなかにこそ神はその力をあらわすからである。病気をこらえなければならない弟子のひとりに聖バルサヌフィオスが思い起こさせた事柄は、そのことである。「患って意気阻喪することがないようにしましょう。使徒が「わたしは弱いときにこそ強い」（二コリ 12, 10）と述べているではありませんか」[87]。

神は病者を見守り、その窮状がわかっているからこそ守り、手を差し伸べる。シリア人の聖イサークは「神は、悲嘆に暮れて彼を呼び求める傷ついた心に寄り添います。万が一、神が病者を身体に封じ込めたり、ほかの仕方で苦しめたりすることがあっても、神は、人間への愛から、病者の苦しみの耐えがたさに応じて、その魂を愛するのです」[88]と記す。そして不安に思うことを慎み、むしろ「天から降りてくる聖なる力に心を致し」[89]、全幅の信頼のうちにこれに身をゆだねなければならないのである。聖バルサヌフィオスは「神がいらっしゃる。心配する必要はありません。すべての心配ごとを神に差し出すとき、神ご自身があなたのことを引き受けてくださるでしょう」と助言している。[90]また病気が死をもたらす場合であっても、必要以上に恐れてはならない。聖バルサヌフィオスが病気の兄弟に思い起こさせた、聖パウロの教えの言葉のとおりであるからである。[91]「わたしたちの地上の住みかであるこの幕屋がまさに壊されたとしても、わたしたちには神のつくった家があり、それは人の手で造られたのではない、天にある永遠の住みかであるのです」（二コリ 5, 1）。

忍耐の大切さ

病魔に直面する者は、なによりもまず忍耐を示さなければならない。じっさいこの徳性が神の贈り物であるとするなら、それを自分のものとするための人間の側からの努力が求められる。すなわち神に願うことで、この徳性が授けられるようにしなければならないのである。

試練のつらさは多くの場合、苦痛の大きさよりも、むしろ罹患の期間やさまざまな面に生じるあらゆる困難にある。悪霊が、落胆や悲嘆、無力感、怒り、いらだち、失望、反抗といった思いを魂に潜りこませるのは、たいていこの局面である。このことにかんするキリストや使徒の数多くの教えにもとづいて、教父たちがもっとも強く勧めるのが忍耐や我慢強さ、堅忍の態度である。ガザの聖ヨアンネスは、患っている二人の修道士に次のことを思い起こさせている。「主は「堅忍によって、あなたがたは魂を救うことになるのです」（ルカ 21, 19）と言いました。これにつづけて使徒は「じっさいあなたがたには堅忍が必要なのです」（ヘブ 10, 36）と述べたのです。また預言者〔ダビデ王〕は「わたしは堅忍しながら主を待ち望み、主がわたしに顔を向けてくださった」（詩 39, 2〔40, 2〕）と詠っています。くわえて柔和な主である神は「最後まで耐え忍ぶ者は救われる」（マタ 10, 22）と述べました。ですから二人とも忍耐強くありなさい〔……〕」[92]。聖バルサヌフィオスはこれら二人の兄弟のひとりに同様に助言する。「しっかり頑張り、耐え、使徒の弟子であるようにしましょう。使徒は「苦難を耐え忍びなさい」（ロマ 12, 12）と述べています」[93]。またこの聖人は、病気がその者にとって有益であるのは、なによりも病気のときに示す忍耐によってであることを教えている[94]。それゆえ彼は患っている修道士に次のよう書き送っている。「試練に耐えるのでなければ、十字架にかけられることもありません。しかしまず試練を耐えるなら、神の安息所に入港するでしょう。そしてそのときから、あらゆる不安から解放されて安らぎのうちに生きることになりましょう。魂は堅固となり、あらゆるものをとおして主と結ばれるのです。魂は、信仰のうちにあって細心となり、希望のうちにあって喜びに満ち、愛のうちにあって法悦し、同一本質で聖なる三位一体のうちに守られるのです[95]」。そして彼は「病気や高熱、不幸に耐えた」あとに、はじめて自分自身も「澄みきった境地に入港した[96]」ことを告白している。

祈りの本質的な役割

病に伏す人間は、なかんずく祈りにおいて神と向かいあうことができるのであり、また神から必要とする助けと自身を豊かにする霊的な贈り物を、それにふさわしい態度をとることによって、受けとることができる。

「病気のさなかにおいて支えとなるのは祈りである[97]」とシリア人の聖イサークは記している。そして、神はそうした呼びかけにかならず応え、彼を祈り求める者の苦しみに心を寄せずにはいない、とこの聖人は指摘する[98]。だが神が差しのべる手は、治癒とか痛みの軽減であるとは限らない。前述したように、神は人間にとって霊的にもっともすばらしいものを与える。健康の回復は、この見地ではときとして善き事柄であるが、病気がつづくことがときとしてより高次の善き事柄を得る思いがけない機会ともなる。聖霊に照らされた霊的な人びとはそのことを知っている。彼らは祈りのなかで、あるときは病気の軽減か治癒を、またあるときは病気によって得たり、深めたりできる徳性を神に願い求める。それゆえ、たとえば聖バルサヌフィオスは、弟子であった「師父セリドスが、ある日重篤となり、高い熱にさいなまれつづけたのですが、彼は神に治癒や痛みの緩和を求めることをせず、耐える力と感謝の祈りを得られるように乞うたのです[99]」と述べる。そうした判断力がないとき、病者は祈りのなかで自分にとってもっとも善いことを神に願い、神の意志に全幅の信頼を寄せなければならない。病気を治すことばかりを求めるなら、その病者はもっぱら自分の望みをかなえることだけに思いを致すようになる。病人には苦しみを軽くしたいという気持ちがどうしても働くからである。それゆえ病者がおのれの病気から学ぶことができることとは、神の意志を自分の意志に優先させることでもある。自己愛のかたちであらわれるこの意志から自分を解き放つこと、それこそが治癒を先延ばしすることで神が病者に諭すことができることでもある。それは、病者の意志を神の意志にかなうものにすることによって、病者をいっそうしっかりと神自身に結び合わせるためである。聖ヨアンネス・クリュソストモスが繰り返し書きとめているのは次のことである。捧げられた祈りを神がかなえるのをしばしば遅らせるのは、人がすぐさま思うこととは逆に、神の心遣いのしるしであるということであり、その者のための計らいであるということである[100]。というのも、神は待つことのなかに、その者の徳性の全面的な豊かさが示される機会を与えたいと望んでいるからである[101]。そして彼は、マタイによる福音書の一節（15, 21-32〔31〕）にわれわれの注意を喚起する。ここには、病気の娘を治す前に、〔母親である〕カナンの女（および使徒たち）の祈りを何度も退けるキリストの姿がある。ところがそのすぐあとで、キリストは自分の足もとにただ置かれていた体の不自由な数多くの人びとをすぐさま治したのである。「キリストは何度も退けたあとで、はじめてこのカナンの女の願いを聞き入れたのですが、これらすべての病人については、彼らが立ちあらわれるやいなや治したのです」。聖ヨアンネス・クリュソストモスは、そのようにふるまったキリストを、この一節がもつ逆説にふさわしく、次のように説明する。「それはこれらの人びとがカナンの女よりも好ましかったからではありません。そうではなく、この女はほかの誰よりも信仰があつかったからなのです。イエス・キリストは、病気の治癒を遅らせることによって、彼女の信仰が高潔であり、また粘り強いものであることを示したかったのです」[102]。したがって願いがすぐさまかなえられないことは、悲嘆の源泉や祈りの放棄の理由となるどころか、むしろ逆に、いっそうすばらしい善き事柄を期待する理由となるのであって、それゆえに祈るにあたって粘り強くあろうとする動機とならなければならないのである。

人間が神とひとつになるのは、なによりも祈りによってである。神がたえず注ぐ恵みに人間が開かれ、あらゆる救い、力、善き事柄を神から受けとるのも祈りによる。病者がとるべきおもな行動も祈りでなければならない。弟子のドシテオスが病気に倒れたとき、ガザの聖ドロテオスにとっての大きな心配ごとは、弟子が祈っているかどうかを知ることであった。「彼が病臥すると、ドロテオスは尋ねた。「ドシテオスよ、祈りに留意して、逸することがないように気をつけなさい」。弟子は答えた。「わかりました、先生。わたしのために祈ってください」。病気が重くなると、ドロテオスは尋ねた。「ドシテオスよ、祈っているか。ちゃんと祈られているか」。これにたいし弟子は「はい、先生。あなたの祈りのおかげです」と答えた」[103]。

だが病床の祈りは、願いごとにとどまってはならない。それはまた感謝の祈りでなければならない。教父がよく強調するのはこの後者である[104]。彼らの主張の拠りどころは、このことをしばしば想起させている聖パウロの勧奨である。すなわち「どんなことにも感謝しなさい。これこそ、イエス・キリストにおいて、神があなたがたに望んでいることであるからです」（一テサ5, 18）。感謝のために祈るとは、ひとつにはこの病気という特異な状況においても神の善き行い全般に感謝するということであり、もうひとつは神に感謝するということである[105]。人間にとって感謝の祈りは病気の重要な窮極目的でなければならず、またすべての病気は神を称えるためにあるのでなければならないことを、キリスト自身がわれわれに教えている。ラザロの病気

について キリストはこう述べている。「この病気は死に至らない。それは神の栄光のためにあり、神の子が栄光を受けるためのものでなければならないのである」(ヨハ11,4)。この一節はじっさいラザロと同じ状況におかれたあらゆる人間にあてはまるのであり、以下のように理解することができる。すなわち身体が患う病気は、魂の死や身体の窮極の死を引き起こすものではないということである。病気は、神の栄光と、人類のあらゆる災いを神の名によって治癒するために遣わされた神の子の栄光を称えるために、人間が役立てなければならないものなのである。この箇所について可能な二つ目の解釈も、上述の説明を再確認するものでしかない。すなわち、この病気とそれが引き起こすかもしれない死の治癒によって、神はその子において自分の権能を示すのであり、人間はその子において、またその子によって、神を称えなければならないということである。生まれつき目が見えない者をめぐって、キリストが「神のわざがこの人において示されるためである」(ヨハ9,3)と述べているもうひとつの教えも、同じように理解することができる。「神のわざ」とは、キリストによってなされた魂と身体の治癒を意味するが、また同時に神を称えることでもある。それはすべての病気、あらゆる障碍がその機会となる。

祈りは、その形式を問わず、神に心を傾注している病者に苦痛を超克させ、まったく感じなくなるまでにさせることができる。聖バルサヌフィオスは病床に伏せる弟子に次のように書き送っている。「心がすわっているなら、たとえ毒蛇やサソリによる傷口であっても、肉体的な痛みを感じることはありません」[106]。またパラディウスはじっさいリビア人のステパノスの事例を引用する。このリビア人のステパノスは、身体でもとりわけ鋭敏な箇所を生身で手術されたのだが、痛みをまったく感じない様子であった。「彼は切開されているのがまるで自分ではないかのようにふるまっていました。四肢がすべて切断されたにもかかわらず、髪をかったときの感じしかしないようでした。彼は神の恵みに力強く支えられていたのです」[107]。とはいえ、身体とつながっている魂が、身体とは対照的に、完全に独立していることを示すこうした事例は例外に属する。苦痛を神のうちにあって受け入れなければならないのは共通の霊的な定めであり、大多数の聖人自身の定めなのである。

ときとして痛みがあまりにも強いために、祈るのに必要なすべての気力が奪われて、もはや通常の仕方では祈れないことがある。このとき病者は、神の前で沈黙し、残されたいくらかの余力を神に差し出し、神と内的にひとつになろうとするしかなくなる。「聖ドシテオスはいっそうぐったりし、あまりにも衰弱していたため敷布をかけて支えられていた。ドロテオスは尋ねた。「ドシテオスよ、祈りのほうは大丈夫か」。―「申し訳ございません。つづける力がありません」。―「それなら祈りは放っておきなさい。ただ神のことだけを、そしてその神が自分の前にいることだけを思い起こしなさい」」[108]。

激痛はしばしば意識を朦朧とさせ、ときには魂の能力を混乱させることがある。そのとき残されているのは、十字架につけられたキリストに似せて、自分を神に完全にゆだねながら、この極限的な喪失状態を、そして存在論的に裸であることを、受け入れることである。それは「父よ、わたしの霊を御手にゆだねます」（ルカ23,46）ということである。ゆだねるというとき、それは言葉によるのではなく、思考によるのですらない。ほとんどの場合それは不可能である。そうではなく、言葉を超えて、霊によって、そして心のなかでゆだねるのである。こうして神において生きるとき、身体と魂の惨めさは霊的な貧しさとなる。人間に欠けるものをキリストが補い、人間が語れなくなったことを代わりに聖霊が告げるのである。「アッバ、父よ」（ロマ8,15）。

聖性の道

病気であるときのあらゆる心構えのなかで、教父が最上位にあげて勧めるのが忍耐すること、そして感謝の祈りを唱えることである。[109] ガザの聖ヨアンネスは「神は感謝の祈りと忍耐することしか病人に求めていないのです」とすら記しているほどである。[110] 魂のこの二つのあり方によって、病気は修徳のなかでもっとも高次の形式のひとつとなり、また真の霊的な方途となりうるのである。師母スンケレティケーは「もっともすぐれた修徳とは、病気をこらえ、神に感謝の祈りの賛歌を唱えることです」と教えている。[111] また教父も、この二つの徳性をかわるがわる称え、それらが霊的な生き方のもっとも高い頂に病者を導き、救いを得させる力となることを強調する。

それゆえ前者〔忍耐すること〕に関連して聖ヨアンネス・カシアヌスは次のように記している。「病気がときにどれほどの特典であるのかは、潰瘍を病んだ哀れなラザロ〔ルカ16, 19-31〕がわれわれに示している至福によって、十分みてとれます。聖書は彼の徳性についてなにも書き残していません。しかし窮乏と病気を耐え忍んだその大いなる忍耐強さが、それだけでアブラハムの懐に抱かれるという幸せな巡り合わせに値したのです」[112]。聖ヨアンネス・クリュソストモスもまたこの同じ譬《たとえ》に言及している。そしてラザロが、窮乏と同時に病気に耐えたこと以外になにも特別なことをしたわけではなく、しかしまさにそのことこそが永遠の救いに値したことを、同様に強調する。[113] 他方、聖マカリオスは次のように言明する。「魂がさまざまな不幸に見舞われるとき、それが人間によって引き起こされるか〔……〕それとも身体の病気から生じるかを問わず、最後まで忍耐を保つなら、人びとは殉教者と同じ冠、同じ保証を受けとることになるのです」[114]。

感謝の祈りということについて、フォティケーの聖ディアドコスはこう記している。「[魂が]感謝の祈りをもって病気の苦しみを引き受けるならば、その感謝の祈りは魂がもはや受苦不能性の境からそう遠くないところにあることを告げるものとなります[115]」。また師父ポイメンは迷わずに断言する。「三人の人が出会うとしましょう。一人目は心の平和を保ち、二人目は病気に冒されながら神に感謝している。そして三人目は清らかな心で奉仕する。これら三人は同じことを行っているのです[116]」。

またナジアンゾスの聖グレゴリオスは、病者におおいに敬意をあらわし、畏敬の念を抱くようわれわれに求める。なぜなら彼らのなかには、この試練と苦難の道をつうじて、聖性に至る者がいるからである。「聖性がともなう病気を大切にしましょう。そして苦しみが勝利へと赴かせた人びとに敬意を表しましょう。これらの病者のなかに、あるいは新たなヨブが隠れているかもしれないのです[117]」。

第三章　キリスト教的な治癒の方途

神を称えるための治癒

病気と苦しみは、霊的に超越され、キリストにおいて変容されるものであり、またそうでなければならない。そうであるとしても、それらは望んだり、追い求めたりするものではない。それらが霊的な頂へと至らせる修養の方途になりうるのだとしても、同様である。なぜなら、それらは体との闘いで、人間に多大な力を費やさせ、むだにするからである。そのようなかたちで精力が使い果たされるよりも、掟《おきて》を実践したり、[1]神をほめ称えたりするためにそれらが用いられるほうが、はるかに望ましいにちがいない。というのも、この聖なる営みに必要な十分な力を、人間はいつも欠き、しかも健康であるときに費やすことができるそうした力は、三度聖なる神〔*Dieu Trois fois Saint*　イザ6,3、マタ28,19を参照〕の無限の栄光を称えるのに必要な力と比べれば、まったくささやかなものなのである。

病気が霊的な生き方を利するという見方がある一方で、その障碍になるという別の見方もある。聖ニケタス・ステタトスが強調するように、「病気は、初心者に役立つだけに、修徳に励む上級者には害となるものです〔……〕。じっさい病気は神にかんする事柄に専心することを妨げ、痛みと悲嘆は魂の内省を鈍らせます。また失望の暗影のもとで魂を乱し、荒涼とした苦悩のもとで痛悔する気力を失わせます[2]」。

そこで病気よりも健康のほうが、神において、また神のために生きるという条件をつけてではあるが、おのずから好ましくなければならなくなる。使徒の聖ヨハネ（三ヨハ2）をはじめ霊的な人びとが、訪問者や手紙の相手の健康を願い、教会がその全典礼においてすべての信徒の健康やその回復を神に祈るのは、たんなる礼節からなのではない。

健康へと立ち戻るこの窮極目的を福音書は明確に告げている。キリストがペトロの義理の母の病気を治すという挿話では、「熱がなくなった。彼女は起き上がって**イエスをもてなした**」（マタ8,15）と書かれている。また体が麻痺した人を治す話では「その人は、みなの前で立ち上がり、身を横たえていた寝台をとると、**神を賛美しながら家に帰った**」（ルカ5,25［-26］）と記されている。このことはさらに聖油の秘跡、もしくは病者への塗油の秘跡の授与においてくりかえし想起される。「あなたは痛みに苦しむ者を治し、救い、病者の解放者であり救い主であり、神ご自身であり、万物の支配者であり、主です、患うあなたの奉仕者が**あなたの神聖な権能をほめ称えることができるように**［……］治癒してください」[3]「この者が**あなたの権能を称え、愛によって賛美するために**、その魂と身体を治癒してください」[4]「苦しむあなたの奉仕者を急いで訪ねてください、病気から解き放ってください、**彼らがあなたに向かってやむことなく歌い、賛美するために**、その耐えがたい苦痛のなかにある彼らを起き上がらせてください」[5]「主よ、あなたの治癒の力を天から送り届けてください、この身体に触れて、熱を鎮め、痛みと隠れ潜むあらゆる弱さをなくしてください。あなたの奉仕者の医者となってください、この者を痛みの寝台と苦痛のしとねから起こしてください、**あなたのお気に召し、あなたの使命を果たす者として**、この者を無事にあなたの**教会に返してください**」[6]「この者が、あなたの力強い神助の腕によって再生することで、**あなたに仕え、感謝しつづけることができるために**、彼からすべての病気と障碍を遠くへ払いのけてください」[7]「聖なる父よ、魂と身体の医者よ、あなたはすべての病気を治癒し、死から解放するために、ご自分のひとり子であるわれわれの主イエス・キリストを遣わされました、あなたの奉仕者がもつ弱さを、肉体も心も、あなたの御子の恵みによってまた治してください、そしてこの者の命を保たせてください、**この者はあなたが望むところとその善き行いとによって、求められている感謝の祈りを捧げるでしょう**」[8]。

こうした条件下では治癒を追求することがキリスト者の義務とすらなる。これをたとえばシリア人の聖イサークは次のように書きとめている。「患っていて自分の病気を知る者は、治癒を願う義務があります」[9]。

人間は、病気であるとき、授けられた力のすべてを神に傾注することを妨げられる。そればかりか病気は無秩序そのものであり、しかも原初に神が創造した人間の本性、そして受肉した言《ことば》が、その受肉した言《ロゴス》の位格《ペルソナ》のうちに再生した、人間の原初の本性の否定なのである。病気は、その起源からして悪や「暗闇の世界の支配者と悪〔の諸霊〕」〔エフェ6,12〕、破壊と死とつながっている。またアダムの罪、そしてそれにつづく人間の本性全体の腐敗と結びついたものである[10]。そこに宿命の力を見て身を任せてしまうかわりに、人間はこれと闘うためにあらゆる手立てを尽くさなければならない。人間は、罪や悪の力に打ち勝った神−人の勝利に支えられているのである。病気とのこの闘いは、人間が挑まなければならない悪の力との闘いの一部を間接的になしている。これについて教父キュロスのテオドレトスは、軍事的な比喩を用いて的確に言いあらわしている。「病気に襲われた者は、敵兵を撃退するかのように、身体から災いを懸命に追い払おうと努めるのです[11]」。

医者であるキリスト

人間の霊的な災いを治癒するために人間の一人となったキリストが、彼に祈る者の身体の病気や障碍の苦しみを和らげることをためらったことは一度もない。キリストはそれらを必要悪だとは見ていない。それらを甘受したり、無関心でいたりするどころか、キリストは自分のもとに来る者たちを救うなかで、それらが好ましいものなどではないことを明確にしている。そしてそれにたいしてとるべき望ましい態度の範を垂れている。

そもそもキリストは、人びとの前に医者として姿をあらわすことを躊躇しない。「医者を必要とするのは、丈夫な人ではなく病人である」（マタ 9, 12、マコ 2, 17、ルカ 7, 31）、「あなたたちはまちがいなくわたしに「医者よ、自分自身を治せ」ということわざを引いて言うにちがいない」（ルカ 4, 23）〔と述べている〕。またキリストがなし遂げた数多くの治癒と、それを福音書が注意深く物語っていることは、彼が自分を魂の医者であるだけでなく、身体の医者でもあると理解していることを示している。じっさい聖マタイは、キリストが自分のもとに連れてこられた人びとの〔悪〕霊を追い出し、病気を治したという出来事に言及したあと、「彼はわれわれの障碍を取りのぞき、われわれの病気を引き受けた」というイザヤの預言を想起させる（マタ 8, 16-17、イザ 53, 5）。キリストは、彼の地上での人生を知る多くの人びとの前に、身体を治療する医者として登場している。そこには、キリストが安息日に病気を治すという行為に出たことをもっとも重大な罪状のひとつにあげて指弾した敵対者だけでなく（マタ 12, 10、ルカ 6, 7、マコ 3, 2）、大群衆にまじってキリストに近寄り、病気や身体の障碍の治癒を求める者もいた。初期キリスト教は、キリストを好んで古代ギリシャ・

ローマの異教の医神アスクレピオスと比べることをしていた[12]。このため最初期のキリスト教護教論者は、啓蒙上の理由から、そうした類比をしばらく続けることを求められている[13]。もちろんそれは、キリストを擁護するためであり、キリストが唯一の真の医者であって、アスクレピオスはたんなる偶像[14]、悪霊[15]でしかないことを論じるものであった。キリストや、ついでキリストの名によって使徒たちが果たした身体の医者としての役割が、あまりにも強い衝撃を与えたことから、異教徒の側の目撃者はキリスト教を「病人のための[16]」宗教として叙述している。それは宗教が病人をさげすみ、とりわけ健康であることにこだわる風潮がみられる時代においては、彼らを驚かす出来事なのであった[17]。しかしながらこの最後の見方は、イエス・キリストのうちに身体の病気を治す者だけを見出そうとする極端な捉え方である。キリストを魔術師やこの時代にあちこちにいた同類の祈祷師と同一視するのは[18]、キリストがまた魂の医者でもあることに目をつぶることである。とはいえ、キリストを魂の医者としてだけ理解するのもまた極論である。教父と教会のあらゆる伝承は、キリストが人間を全体として治癒し、救うために遣わされことを示すことで、キリストを「身体の医者[19]」でありながら「魂の医者[20]」でもある者として慎重に提示している。そして人間の組成の同一性や、それぞれの人間がもつ魂と身体の霊的な定めの共同性を強調することによって、それらが不可分であることを指すために、キリストをしばしば「魂と身体の医者[21]」と呼びならわしているのである。

聖人は神の名によって治癒する

キリストは十二人の弟子を呼び寄せ、治療の権能を授けた。彼らを自分の似姿とした医者にし、汚れた霊に命じたり、追いだしたりする力（マコ 6, 7、ルカ 9, 1）にくわえて、どのような病気や障碍をも治癒する力（マタ 10, 1 と 8、ルカ 9, 2。マコ 6, 13、ルカ 9, 6 を参照）を授けたのである。治療のこの権能は、ついで使徒全員と、神人的な修徳によってキリストと同じようになるすべての者、すなわち神の名を授けられるような聖人たちに与えられることになる。**聖人伝**は、彼らがかなえた数多くの治癒を物語っており、キリストと同様に、彼らは「医者」と呼ばれることになる。

とはいえキリストはどこまでも「唯一の医者」[22]である。なぜなら使徒と聖人を介して病気を治すのは、つねにキリストなのである。[23]彼らはキリストの名によってのみ病気を治すことができるのであり、自分たちをただの仲介者とみなしている。それゆえ奇蹟の治癒をまのあたりにしたばかりの民衆に向かって、使徒である聖ペトロは次のように述べる。「われわれがこの人を歩かせるようにしたことを、あなたたちがまるでわれわれの力か信仰心にもとづくものであるかのように注視するのはなぜでしょう。〔……〕〔イエスの〕名への信仰によって、あなたたちが目にするこの人をその名が回復させたのです」（使 3, 12 と 16）。そこで聖大アタナシオスは、聖アントニオスについて「彼によって主は多くの人びとを治癒しました」[24]と言っているのである。キュロスのテオドレトスも同じような語りで、奇蹟を行う聖人修道士について語っており、その生き方を次のように紹介している。「神の霊の奥儀を授けられた人びとは、その霊の寛大さとそれが人間によってどのような奇蹟を人間のうちに起こすのかを知っているのです」[25]。そのうえ聖アタナシオスは、聖アントニオスが治癒を施すとき「彼はいつも主に感謝するのでした。治癒が彼のものでもなければ、ほかのだれかのものでもなく、ただ神だけのものであることを、彼は病人たちに想起させていました〔……〕。治癒した者たちは、アントニオスにではなく、ただ神だけに感謝することを教わるのでした」[26]と述べている。また聖アントニオス自身も次のように言明する。「哀れなわたしには、病気を治すそうした力がありません

［……］。治癒は救い主のわざなのです。救い主は、自分に加護を祈る者にはどこであっても憐みを示します。主はわたしの祈りに耳を傾けてくださり、主が治癒するであろうことをわたしに明かすことで、人間にたいする愛を示されたのです[27]［……］」。こうした言明は必要不可欠である。というのも奇蹟的な治癒に遭遇した人間は、神よりもむしろ奇蹟を行う者を称えようとするからである。リストラの住民は、聖パウロと聖バルナバにたいして、まさしくそのようにふるまったのであり、「人間の姿をとって神々がわたしたちのところに下ってくださった」と言った。そして二人をヘルメスとゼウスと呼んで、生け贄を捧げようとした（使14, 8-13）。このため二人の使徒は、自分たちもまた人びとと同じ本性をもつ人間であることを彼らにわからせ（同上14, 15）、「生ける神に立ち帰るよう」（同上）促すのに大いに苦労したのであった。こうした混乱を避け、また神の権能によってなし遂げる治癒を自分の手柄としないために、聖人は奇蹟を行うにあたって謙虚でありつつ、物的な介在物にしばしば頼る。また典礼をつかさどったり、しばしば彼ら自身が治療効果がないものとした不可解な処方を与えたりする。それらには治癒する人びとの関心や感謝の気持ちを彼ら聖人からそらす役割があり、治癒されたこれらの人びとが、すべての治癒の唯一の源泉である神に容易に、しかも全面的に助けを求めることができるようにするのである。

キリスト者は、キリストや使徒、諸聖人が示した模範に忠実に従うことで、つねに病者の看護とその治癒に努めてきた。それは宗教独自の療法に頼ることであったり、霊的な新たな意味を付与したうえでの世俗的な医療に依存したりするものであった。だがキリストが本当は「身体の唯一の医者」であるゆえに、このあと順次みていくが、それらのさまざまな療法はいずれもキリストから与えられる手立てにほかならない。それらは、キリストの恵みを願い、伝え、もしくは受けとるためのものである。あるいはキリストが父である神から受けとり、そして神の霊によって直接に、もしくは被造物をとおして間接的に人間に授ける働きを願い、伝え、もしくは受けとるためのものである。

治癒の霊的な方途

祈り

宗教的な療法のなかでもっとも重要なのが祈りである。それは祈りが、ほかのあらゆる療法の根本であり、その欠かせない伴侶であるとともに、病気にたいして特異な効果を発揮するからである。[28]「あなたがたのなかに苦しんでいる人がいますか。そうした人は祈りなさい」（ヤコ 5, 13）と使徒の聖ヤコブは勧める。病気を忍耐強くこらえるだけでなく、そこから解き放たれるためにも、エリコの町の目の不自由な者が「イエス、ダビデの子よ、わたしを憐れんでください」（ルカ 18, 38）と叫んだように、その人は「偉大な天の医者」の救いを求めなければならない。そうするときその人は、神の恵みがもつ再生の十全の力に開かれることになる。

人間は治癒を願う。それをかなえるにあたって、神が求めるのはただひとつのこと、すなわち信仰によって神に祈ることである。イエスは目の不自由な二人の者に「わたしにそれができるとあなたたちは信じるか」（マタ 9, 28）と問いただしている。人間が神から受けとるものは、その信仰に応じたものである。イエスは百人隊長に「あなたが信じたとおりになるように」と言い（マタ 8, 13）、出血に苦しむ者（マタ 9, 22、マコ 5, 34、ルカ 8, 48）や罪深い女に「あなたの信仰があなたを救った」（ルカ 7, 50）と語りかけ、また目の不自由な者（マコ 10, 52）やハンセン病患者（ルカ 17, 19）[29]にもそのように述べている。というのも、神の恵みはすべての人間に、そして洗礼を受けた者のうえに豊かに、注がれているからである。その恵みを受けとるには、各人はただそのほうに向き、受け入れさえすればよい。それゆえキリストは「祈りによって求めることは、すでに与えられていると信じなさい。そしてかなえられるのである」（マコ 11, 24）と述べている。一抹の疑念も抱かず（マタ 21, 21 参照）、確固とした信仰（ルカ 22, 32 参照）によって願い求める者に、神はその約束にしたがって、すべてをかなえる。すなわち「信仰に満ちた祈りのなかで願うあらゆる事柄はかなえられる」（マタ 21, 22）のである。

とはいえ、その信仰に応じて願いをかなえられた者がいる一方で、ほかの多くの者たちへの応答がなかったことも、われわれは知っている。「預言者エリシャの時代、イスラエルにはハンセン病患者が多くいた。しかしながらシリア人のナアマンを除くと、だれも治癒しなかった」（ルカ 4, 27）。人間がもし祈りの果実を受けとれないのであるとすれば、それはその者の信仰が十分篤くないか、純粋でないためである。聖マタイは「人びとが不信仰であったので、イエスはあまり奇蹟をおこさなかった」（マタ 13, 58）と述べている。

隣人のための祈り

聖パウロは、また人間の弱さと人がなかなか信仰をもてないこと（ルカ 24, 25 参照）を知っている。そこでみなに「たがいの重荷を担いなさい」（ガラ 6, 2）と勧める。エルサレムの聖キュリロスは「信仰にはそれほどの大いなる力があるので、信仰者が救われるだけでなく、ほかの人の信仰によって救われた者もいるのです」[30]と書きとめている。人が、ひとりや何人かの人の祈りによって病気を治すことができることは、福音書のなかで体の麻痺を患う病人の例が明確に物語っている。キリストは、その病人の信仰を見て治癒したのではなく、その人を運んだ人たちの信仰を見て治したのである（マタ9, 2、マコ2, 5、ルカ5, 20）。キリスト者は、したがって自分の病気の治癒だけでなく、病臥する兄弟たちの治癒をかなえるためにも祈らなければならない。「わたしたちが洗礼を受けたのは、ただひとつの身体となるためである〔……〕、そしてみながただひとつの霊にひたされた」（一コリ12, 13）からである。また「神は、栄誉に欠けるのであればいっそう栄誉があるように身体を整え、身体が分裂することがないようにした。むしろ肢体はたがいに気遣いあうのである。肢体のひとつが痛むのか。〔それなら〕すべての肢体がともに痛むのである」（一コリ12, 24-26）。この相互関係と構成員の一致のもとで、神に語りかけているのはもはや弱さや限界をもつただ一人の者ではない。諸聖人の交流《コミュニオン》がもつ力によって、何人もの人が、あるいは全員さえもが神に語りかけているのである。それは教会で、キリストにおいて神の霊によって、実現する。この共同の祈りは、また揺るぎない力をもつ。なぜなら、それは身体全体の祈りであるからである。そしてその身体全体は、キリストの身体（一コリ12, 27参照）にほかならず、そのなかで神の霊が父なる神からの恵みを人間に伝えるのである。それゆえキリストは次のように述べている。「もしあなたがたのうちの二人が、地上でなにかを願い求めることで一致するならば、天のわたしの父はそれをかなえてくださる。二人または三人がわたしの名によって集まるところでは、わたしはそのなかにいる」（マタ18, 19-20）。神が現存するのは、その構成員の一致が教会共同体をなすからだけではない。一致がさらに愛の絆をあらわしているからなのである。この愛の絆によって、この共同体で人間は神と、神は人間とひとつになる。「わたしたちがたがいに愛し合うとき、神はわたしたちのうちにとどまっているのです」（一ヨハ4, 12）、「神は愛です。愛のなかにとどまる者は神のうちにとどまり、神もその者のうちにとどまるのです」（一ヨハ4, 16）。病者のための共同の祈りは、神の治癒の恵みを得るうえで、最上の祈りの形式であることがわかる。使徒の聖ヤコブは「治癒されるために、あなたがたはたがいに祈りあいなさい」と勧めるのである（ヤコ5, 16）。

こうして隣人の治癒を願う祈りが、第二の掟を成就する手立てとして、キリスト者の霊的な使命の一部であることが明らかとなる。「隣人を自分のように愛しなさい」（マタ22, 39、マコ12, 31）というこの掟には、律法全体が要約されている（ロマ13, 8-10）。隣人の治癒を願う祈りは、苦しむすべての被造物に注がれた神の深い憐みのなかで人間が神に同化するひとつの方途である。そしてそれが不断の、深い祈りであるとき、聖性のしるしとなる。[31]

聖人たちの祈り

聖人は、神人的な修徳によってあらゆる情念を清めることで、苦しみを分かつ人びとへの愛と人びとの苦しみを和らげたいという願いに突き動かされている。それゆえ神に純粋な、そして確固とした祈りを送り届けることができる。[32]とりわけその祈りの言葉は特別な効能をもつ。聖ヤコブは「義人の熱心な祈願には多大な力があります」（ヤコ5, 16）と述べている。こうしたわけでキリスト者は、自分の病気を神に治してほしいと思うとき、自分の知る霊的な人びとの執りなしを願う。助けを求めてやってくる人びとを、たえず迎い入れる聖人たちの伝記がそれを物語っている。同様に、キリスト者は「世の初めから神に愛された」すべての聖人に、そしてまずは神の母にそのために祈る。「創造主のかたわらにいる不変の仲介者」である神の母は、その肉のうちに神の言《ことば》を宿したがゆえに、神のかたわらにいる者として、あらゆる執りなす者のなかでもっとも大きな権能をもつのである。

治癒の恵みは、あらゆる恵みの唯一の源泉である神につねに由来する。しかし治癒の恵みは、それを人びとに伝える聖人と無関係であることはない。聖人は、神が彼と彼を介して人びとに贈るこの贈り物に感謝して祈る。だが聖人自身は神の恵みの使者であり、保持者（だが専有することをしない）である。そして一個人として（だがその意志は神のそれと一致している）、彼に助けを求める者に恩恵をほどこす権能を、自身の聖化の度合いに応じて、もつのである。教父キュロスのテオドレトスは「神は、聖人の魂を神の霊の賜物《カリスマ》と釣りあわせるものである」と書きとめている。[33] たしかに、人間はその情念からみずからを解き放ち、掟を実践して徳性にもとづいて生きるほどに、キリストのうちに、聖霊によって、神の似姿となる。また神の働きが染み入れば染み入るほど、「神性への参画者」（二ペト 1, 4）に、それゆえ神の力（エフェ 1, 19 参照）に与る者となる。それによってキリストのようにふるまうことを可能にするのであるが、それはまさにキリストの次の言葉どおりである。「わたしを信じる者は、またわたしが行うわざを行う」（ヨハ 14, 12）。そういうわけで、われわれは執りなす者や仲介者としての聖人に呼びかけるだけでなく、また同時に、彼ら自身が病気を治癒する権能をもち、恵みによって神化され、神の命と力とに加わるようになった者としても呼びかけるのである。またわれわれはとりわけ神の母に祈る。彼女は、最初に人格が完全に神化され、栄光を授かったのであり、「病者の試練と治癒における慰め」「希望を失っている者にとっての希望」「無援の者にとっての支え」「治癒の涸れることのない、無尽蔵の宝庫」[34]「奇蹟を起こし、薬を湧き出させる」[35]のである。

聖人は、その存在全体に神的な働きをもち、信仰ゆえにもっぱらその身体（使 20, 9-10 参照）やさらにその上着（使 19, 12 参照）、あるいはその影（使 5, 15 参照）までを触る者に、そうした神的な働きをしばしば伝える。彼らはこの世からあの世に旅立っても、聖人に祈る者に直接にもしくはその聖遺物を介して間接的に、神的な働きを伝えつづけるのである。[36] 聖遺物は神的な働きが浸透して光り輝くものとなり、聖画像は神的な働きを目に見えるものにする。聖画像は聖人の神化された人格を表現しており、聖画像を崇敬する者と聖人とを結び合わせる。聖遺物や、奇蹟をうむ聖画像を、安置した数多くの場所が巡礼地となっている。多くの忠実な信仰者がこれまでも、そしていまも、そこで病気を治癒している。

治癒の賜物《カリスマ》　その本質と限界

聖性の場合、治癒する力は完徳の霊的な段階と相関するカリスマとしてあらわれる。[37] だがキリスト教の初期には、治癒のカリスマをもつ者が、預言や言語の天賦の才をもつ者とともに、きわめて数多くいた。それでいて、それはかならずしもそれらの者の聖性を示すしるしとはならなかった。このことについて考察した聖ヨアンネス・クリュソストモス[38]は「かつてそうした計らいを受けていても、彼らはそれに値しなかったのです。これらの魔術師は堕落した生活を送り、神からの贈り物を蓄財して、自分たちの生き方を完全なものにしようとはしませんでした[39]」とまで言っている。そうしたカリスマが当初広まりをみせ、しかもまたたくまに姿を消したのはなぜなのか。聖ヨアンネス・クリュソストモスは、もしも自分たちの時代の受洗者がキリスト教の誕生した時代に生まれていたならば、彼らもまたそうした才を示すことができた、と断じる。[40] それらの才をそのとき数多くのキリスト者がもっていたとするなら、それは「新しい宗教のはじまり、揺籃期であったので、救いの教義があらゆるところに広まる必要があったから[41]」なのである。そして次のように説明する。当時の人びとは「有形である事柄にしか驚嘆したり感嘆したりすることがなかったのです。彼らにとって有形でない幸福を考えることは不可能であり、信仰の目をもってはじめて見ることのできる霊的な恵みを理解することができませんでした。そういうわけで、無信仰者を納得させるための［……］しるしがあったのです[42]」。ところがそれらのしるしを広めるためには、数少ない聖人では不十分であり、ほかにも多くの受洗者が、その完徳の霊的な段階とは無関係に、この使命に投入されなければならなかったのである。だが人びとが、しるしによらずに信じることを学ぶにしたがって、彼らの数は減ることになる。[43] 神は「われわれの信仰が、保証やしるしとは無関係であることを示そうとしたのです」[44]。なぜなら「出来事がきわだつほど、そしてそれが必然的に畏怖の念を起こさせるほどに、信仰は弱まる」のであり、きわだって自明な事柄は信仰者の信仰の妨げになるからである。[45] しるしの少なさは、霊的な生の退廃を意味するどころか、逆にその深化の結果を示すものとなる。信仰はこのときからより内面的な理性のうえに築かれることになったのである。[46] とはいえ、聖ヨアンネス・カシアヌスが指摘するように、「治癒の第一の原因が聖性の功徳」であり、第二が「教会の建立」であるとするならば、第三として「自分の病気を捧げるという信仰心、もしくは病者自身の信仰にたいする報奨」があげられる。そしてそれが、前例にみられるように、「治癒させる力」が「罪人やふさわしくない者からさえも[47]」生じうることを説明するのである。

聖油の塗油

祈り以外にも、祈りとつねに結びついたものとしてではあるが、神による治癒の恵みを願い求め、かなえるのに役立つ実践がある。

第一にあげなければならないのが聖油の塗油である。福音書にその実地についての記述があり、使徒が行った数多くの治癒と結びつけられている。福音記者の聖マルコは「彼らは多くの病者に塗油をし、治癒していた」（マコ 6, 13）ことを伝えている。また使徒の聖ヤコブも詳しく触れており、次のような表現で、教会で行われるように勧めている。「あなたがたのなかに病人がいるのであれば、教会の長老を呼んで、主の名によって塗油してもらい、そののち祈ってもらいなさい。信仰にもとづく祈りは病者を救い、そして主がその人を起き上がらせてくれます。もしその人が罪を犯したのであれば赦されるでしょう」（ヤコ 5, 14-15）。

正教会では、この使徒的実践をいまにいたるまで継承し、塗油の秘跡を、臨終を迎える者ばかりでなく、希望するすべての病者に、重篤でなくても、授けている。それは通常の形式にのっとる場合、使徒ヤコブが言及している教会の長老（*presbyteroi*）にあたる七人の司祭団によって執り行われる。祭儀は、三つの主要な部分からなり、ここではそのなかでもっともきわだつ部分だけを紹介する。[48] 第一の箇所は、秘跡を受ける者にたいする「癒しの祈り」（*paraklēsis*）である。その第二は、塗油に用いる聖油を祝福することを目的とする。「聖霊の権能と働き、そして降臨とによって、この油が祝福されますように」と祈ったあと、七人の司祭が順次、次の祈りを捧げる。「われわれの魂と身体の煩悶を、あなたの憐みと共感のうちに治癒する主よ、あなた自身が、支配者が、どうかこの油を聖別し、それが塗油される者にとっての薬となり、すべての苦しみを、肉体のもしくは霊のあらゆる汚れ、そしてすべての災いをなくしてくださいますように［……］」。祭儀の三つ目の主要な箇所は、各司祭が施す病者への塗油についてさかれている。塗油ごとに、使徒書簡と福音書の一節がそれに先立って朗読される。[49] 教会は、このあわせて十四回の朗読に、聖書の主要な箇所をあてている。それらは病者とそのまわりにいる人びとが直視した病気や治癒を取り上げたものである。ついで塗油に臨む司祭が祈りを唱える。ここで唱えられる七つの祈りは、この祭儀において重要な意味をもつ。それらは、神がつねづね人間に示した赦しと共感を思い起こさせるのであり、病者の命を長らえさせ、その苦しみを和らげ、身体の治癒と健勝を神に祈るものとなっている。同時に、とりわけ罪の赦しを、また霊的に強めること、救い、聖化すること、存在全体を再生させ、キリストのうちにその命を新たにすることを祈るものである。それぞれの祈りは、それらのどれかを強調するのであるが、いずれもが魂の癒しを身体のそれと結びつけ、また霊的な治癒を身体的な治癒と関連づけている。それは身体の治癒の意義を過小評価することなく、霊的な治癒がもつより本質的な重要性を強調する。そのあと次の祈りとともに塗油が施される。「魂と身体の医者である聖なる父なる神よ、あらゆる病気を治し、死から解放するために、あなたはひとり子である、わたしたちの主イエス・キリストをお遣わしになりました。どうかあなたのキリストの恵みによって、あなたの奉仕者である何某の身体だけでなく魂にある弱さをも治癒し、この者の命を長らえさせてください〔……〕。わたしたちの神よ、あなたは治癒の源泉であり、あなたのひとり子、そして同一本質の聖霊とともに、いまもいつも世々にいたるまで、あなたを称えます」。ついで七人の司祭全員が、病者の頭上で、ページの開かれた聖なる福音書に按手する。このとき、病者の犯した罪の赦しを神に願う、贖罪の祈りが唱えられる。いずれにしろ祭儀全体が贖罪の色合いを帯び、このことは秘跡の目的が身体の治癒だけでなく、既述したように、なによりも霊的な病気の治癒と罪の赦しであることによって説明できる。それは聖ヤコブの指示〔前掲ヤコ 5, 14-15〕や、彼が用いている *sôzein* という動詞がもつ両義性とも合致する。「信仰にもとづく祈りは、病者を治癒するでしょう／救うでしょう、そして主がその人を起き上がらせてくれます。そしてもしその人が罪を犯したのであれば赦されるのです」。また祭儀のこの贖罪的な性格は、身体のあらゆる病気の始原が罪であるということ（それがかならずしも個人の犯した罪でないとしても、である。そのことを聖ヤコブは、可能性にかかわる接続詞 *kan* を用いて「**そしてもし**その人が罪を犯したのであれば……」と強調している）、したがって治癒が、罪の根絶と恵みを失った人間本性の治癒を前提とするものであることによって説明がつく。そして最後に、肉体的な健康の回復が人間の四終〔死・審判・天国・地獄〕や、罪に打ち勝つことでしかかなわない人間存在全体の救いとかかわるときにしか、後述するように、じっさい意味をもたないことからもこの祭儀の贖罪的な性格は説明がつく。教会は、こうした見地からこの祭儀中、身体的な病気の治癒と同時に病者の救いを神に祈るのである。[50]

聖油の塗油が、秘跡としての枠組みのなかでや、その形式にそってだけ行われるものでないということも指摘しておきたい。多くの霊的な人びとが自由に執り行っており、聖人伝はそのようにして果たされた治癒の多くの事例を詳しく伝えている。[51]

聖水の注ぎ

もうひとつの、ひろく行われているならわしが、聖水もしくは祝福された水の注ぎである。それは飲まれたり、身体や病気の箇所にふりかけたりされる。その介在によって、神は自分に祈る者の治癒をしばしばかなえる。[52]司祭は、水を祝福する祭儀において、とりわけ神現祭〔公現祭〕にさいして、聖霊を遣わすようキリストに祈る。この聖霊の力によって、水はじっさい神の治療の働きを担うものとなる。「聖霊の権能と働き、その現存とによってこの水を聖別するため」、そして「この水に同一本質である三位一体の浄めの働きがもたらされますように」と祈ったのち、司祭は次のようにキリストに願う。「この水が、魂と身体を治癒するための〔……〕聖化の贈り物へと変えられ」、「非腐敗性の源泉〔……〕」、病気の治癒、悪霊の破滅」をかなえるものとなり、さらに「敵意をもった力を寄せつけないものとなり、天使の力に満ちますように、それはこの水を汲み、飲んで、すべての者がその魂と身体を浄めるのに効果があるようにするためです」。そして司式者は次の祈りを付けくわえる。「これに触れ、注がれ、飲むすべての者に聖化と浄め、そして健康が与えられますように」[53]。

神の治療の恵みはまた按手によって授けることができる。これには「信じる者には〔……〕」、病者のうえに手が置かれ、病者は治癒するであろう」（マコ16,〔17-〕18）というキリストの約束があり、またいくたの機会にキリストが示した事例がある[54]。聖霊の力を伝えるこの行いは、父なる神の名によって聖霊を遣わすようにとキリストに祈る聖霊の降下《エピクレーシス》[55]を求める祈りを交えて執り行われる[56]。

十字架のしるし

十字を切るのもまた、治癒のための伝統的な手立てとしてある。これもまた三位一体の働きを祈り、かなえるだけでなく、死と腐敗、罪、そして悪魔や悪霊の支配にたいする、それゆえそれらと結びついた病気にたいする、キリストの勝利の的確なしるしである。十字架がもつ治療法上の権威は、正教会における十字架挙栄祭の典礼において明示的に告げられる。そこでは十字架が「病者の医者」となんども呼ばれ、遺訓的な予示のひとつ、すなわちモーセが旗竿の先に青銅の蛇〔十字架〕を掲げ、〔神の火の〕蛇にかまれた者にはそれが神の与えた薬となったことが想起されているのである（民21, 6-9）[57]。

祓魔式　位置づけとその意義

最後に、宗教的な療法のなかで、特異とはいえ重要な位置を占める祓魔《ふつま》式〔悪魔祓い〕について触れなければならない。

上述したように教父は、いくつかの病気が悪魔や悪霊によって引き起こされるものであると考えている。それらの所業は多くの場合、間接的にあらわれるが、場合によっては憑依のかたちをとる。複数ですらあり者たちは、それらの事例を数限りなくあげている。「身体に病気ややっかいな災いを課し、魂に暴力的に不測の、しかも異常な変調を起こさせる」[59]。福音記者[60]をはじめ教父や聖人伝の作者たちは、それらの事例を数限りなくあげている。

憑依は、現代医学が科学的に説明し、疫病分類学に現在、問題なく位置づけられている事象である。そうした事象を、いかにも古風な観点から理解しようとすることには現代人の多くが興味を覚えるかもしれない。ところが霊的な人たちの経験や、聖書や聖人伝の本文の簡単な分析すらもが、事柄のそうした捉え方を否定し、より複雑な現実を明らかにしている。そこで福音書を参照してみると、そこには憑依と病気もしくは障碍が、異なる次元に属する二つの範疇の現実として示されていることがわかる。しかもそれぞれが固有の特徴をもち、かならずしも関連しあっていない。第一に、憑依と病気もしくは障碍は、福音書の多くの箇所で明確に区別されている、ということである[61]。したがってそのことだけでも、一方を他方に無条件に還元することを妨げる。第二に、キリストが行った奇蹟に関連して述べられている病気もしくは身体の障碍のほとんどは、憑依とまったく結びつかない、ということである[62]。第三に、同じ人間が憑依と病気（もしくは障碍）に、たがいに関連せずに、同時に冒されている場合がある、ということである。聖マタイは次のように記している。「人びとはイエスのもとに悪霊に取りつかれた者を大勢連れてきた。イエスは言葉によって霊を追い出し、病人全員を治癒した」（マタ 8, 6〔16〕）。ここでキリストは二つの事柄を順次行っていることがわかる。ひとつが祓魔式、もうひとつが治癒である。もし病気が憑依そのものであるか、もしくは憑依によって引き起こされたものであったなら、祓魔式だけでこと足りていたであろう。これらのさまざまな論拠から、病気が自律的なものであり、多くの場合、自然にもとづいた固有の病因があることは認めざるをえないものとなる。そして特定の範疇の病気もしくは障碍にかぎってはこのことがあてはまらないのである。つまり憑依の結果であるとされる病気もしくは障碍が、暗黙のうちに自然にもとづいた病因があるとされる病気もしくは障碍と、同一のものと考えられている場合である。そこで福音書には、憑かれているとはみなされない聴覚障害者や視覚障害者がいる一方で、[63] 同じ障碍をもちながら憑かれているとみなされている者が登場する。[64] 同様に、身体の麻痺が憑依による場合もあれば、[65] そうでない場合もある。[66] てんかんを患う人についても同様の区別がなされ、ある者は憑依によるといわれ、[67] 別の者は「悪霊に憑かれた者」とははっきり区別されている。[68] こうしてみてくると、悪霊に憑かれた者の病因にかんする言明は、ほかの理由では疾患を説明できないとはけっしてされていないが、自然の因果関係だけが唯一でないことも明らかにしている。病気が自然に起因するのか、それとも悪霊に憑かれたためであるのかを決めるのは、そもそも対象とする病気もしくは障碍の症状なのではない。というのも、この二つ事象はしばしば見かけが似ており、見分ける力（一コリ12, 10参照）を授けられた霊的な賜物《カリスマ》によってのみ識別することができる状態にあるからである。

　こうしたいくつかの考察だけからも、この現実がもつ複雑さや、医学の臨床学的な視点と霊的な視点との相異をうかがい知ることができる。医学の視点は現象面においてのみ、つまり物質的な仮象のみから判断するのであり、それがその方法論を規定している。他方、霊的な視点は、仮象とその基礎となる認識の「科学」を超えて事柄の本質までを洞察しようとするものである。かくして、ある病気もしくは障碍が、ほかの状況であれば純粋に自然因にもとづくものであっても、特定の場合には悪霊の憑依によるものであることが認められるとき、祓魔式に頼ることになる。

　キリストによる悪霊の追放は、キリストがもたらす救いのしるしのひとつである。「わたしが神の霊によって悪霊を追い出しているのであれば、それは神の国があなたたちのところに到来しているということなのである」（マタ12, 28）。「悪魔のわざを滅ぼすために、神の子はあらわれたのです」（一ヨハ3, 8）と聖ヨハネは述べている。アダムの罪によって悪魔や悪霊の力が解き放たれ、悪意をもった行いを遂げるために世界へ拡散した。〔だが〕その力は新しいアダムであるキリストのわざによって縛りつけられ、ふたたび神の霊の支配下にある。受肉した言《ことば》の位格のうちに神と結ばれた人類は、原初のその状態と定めとがもっていた特権を回復する。そのことをキリストは、悪霊を追い出す力と権威（ルカ 9, 1、マタ 10, 1、マコ 3, 15）ならびにあらゆる「悪魔《サタン》の力」を踏みにじる権能を、十二人の使徒と七二人の弟子に伝えることによって示した。キリストの名を唱えるだけで、サタンは稲妻のように天から落ち、その王国を失い（ルカ 10, 17-18 参照）、民は「闇から光に、サタンから神に立ち戻る」（使 26, 18）。洗礼によって、人間を隷従させるサタンの力はそそのかす力へと減殺され、キリスト者はサタンに抵抗し、遁走させる能力を受けとる（ヤコ 4, 7）[69]。ある者たちには、使徒と同じように、憑いた悪霊を人びとから追い出し、また憑依をともなうかそれが引き起こす病気を、治癒する権能が授けられるのである。

祓魔式のためのカリスマは、キリスト教の初期に広く存在していた。それが日常的に行われていたことを多くの著述者が示唆する[70]。オリゲネスは「白鳩の姿をとってあらわれた聖霊の痕跡は、キリスト者のなかになお刻まれています。それらの人は悪霊を追い払い、多くの病人を治癒しています」と書きとめている[71]。また聖ユスティノスは以下のように述べている。「全世界に、そしてわれわれの町には、どのような異端放棄の誓いも呪文も、あるいは媚薬をもってしても治せなかった、悪霊に憑かれた数多くの者がいます。われらがキリスト者、すなわちポンティオ・ピラトのもとで十字架にかけられたイエス・キリストの名において祓魔式の祈りを唱える者たちは、人びとに憑いた悪霊をとり抑え、追い出すことによって治癒し、いまもなお数多くの人びとを治しているのです[72]」。

失ってしまった神の国を人間にとり戻させ、サタンに手渡してしまった権能を奪い返すためにキリストが遣わされた、ということのしるしとして、祓魔式は万軍の主の御名〔サム下6, 18参照〕に捧げられている。[73]悪霊は、イエス・キリストの名によってとり抑えられ、追い出されるのである。[74]教父テルトゥリアヌスは「〔悪霊にたいする〕われわれの支配力と権能のすべては、イエスの名を宣することに負っています」と記す。[75]また聖ユスティノスは「この神の子の名によって祓いのけられた悪霊はいずれも〔……〕打ち破られ、屈服しています」[76]と述べる。この名は悪霊にとって耐えがたいのである。[77]悪霊にとってそれは敗北と懲罰を意味するため、なににもまして恐れられているのである。[78]

この務めを執り行うのにキリストの名による祈りが不可欠であるとしても、それだけでは不十分である。神は、それを受けとるに値する人間にだけ、その決定的な力を示すのであり、祈り求める者の信仰と純粋な心に応じてこの権能を授ける。福音書の次の箇所を思い起こしてみたい。それはてんかんを患う男を、彼に憑いた悪霊から解き放つことができなかった弟子たちの話である。キリストがその悪霊を追い出すと、弟子たちが尋ねた。「なぜ、わたしどもには悪霊が追い出せなかったのでしょうか。」するとイエスは言われた。それはあなたたちの信仰があまりにも薄いからだ」（マタ17, 14-21）。これは素直な信仰と変わることのない献身とが求められることを、われわれにわからせるためであって、キリストはさらに「わたしの名によって祈りながら、舌の根が乾かぬうちにわたしのことをあしざまに言う者は奇蹟を行えない」（マコ9, 39）とも述べている。師父アントニオスの弟子である師父ピティリオンは「悪霊を追い出したい者は、まず〔自分のうちにある〕情念を支配する必要がある」[79]と述べた。祓魔式を執り行おうとする者が、情念の浄化と修徳によって、キリストとしっかりひとつに結ばれていなければ、悪霊の力はその者に牙をむくかもしれないのである。『使徒言行録』（19, 13-17）が伝えるユダヤ人祓魔師たちの事例は、そのことを物語っている。彼らは「わたしは、「もまた、質《たち》の悪い霊をもった人びとに向かって、主イエスの名を唱えてみようとした。彼らは「わたしは、パウロが告げているこのイエスによって、祓魔式の祈りを唱える」と言った。〔……〕ところが質の悪い霊は彼らに言い返した。「イエスのことは知っている。パウロが何者であるのかも知っている。だがお前たちはいったい何者だというのだ」。質の悪い霊に憑かれた男は、そこで彼らに飛びかかり、全員を押さえつけた。あまりにもひどく扱ったため、彼らは裸で、傷だらけとなって、その家から逃げ出した」。じっさい聖パウロをはじめ使徒、聖人の、イエスの名による祈りに力を与えているのは、彼らの生き方がもつ聖性である。それをつうじてのみ、神の力は広まることができる。心の純粋さにくわえて、祓魔師に求められる徳性は第一に謙虚さであり、それなくしてはなにもかなえることができないのである[80]。というのも、人間は自分が無力であることを認め、自分自身を捨て去ったときにだけ、キリストがその者のうちにとどまることができ、また父なる神の名と聖霊とによって神の力を授けることができるからである。最後に、祓魔師は深い隣人愛に燃え、いささかの私心もない、純粋な共感にもとづいてふるまわなければならないのである。

祓魔式はしたがって、一見するとそうみられがちなのだが、技術ではない。それは呪文の力によって魔法をなすかのように行われるものではない。その効力は、なによりも執り行う者の霊的な状態にかかっているのである。〔神学者の〕ハルナックが「病気を治すのは祈りではなく、祈る者である。式文でなく神の霊である。祓魔式ではなく祓魔師である[81]」と強調しているとおりである。

キリスト教の初期に数えきれないほど行われていた祓魔式は、その後の数世紀のあいだに、奇蹟による治癒とまったく同じように、頻繁でなくなる。それは、ひとつには奇蹟による治癒にかんする前述の理由のためである。というのも祓魔式は、奇蹟による治癒と同様に、直接の働きのほかに「しるし」としての価値をもつからである。また他方で、キリスト教の発展とともに、なによりも悪霊の活動が、その強烈さを保ったまま姿を変え、異なってあらわれるようになったということである。すなわち悪霊の活動は薄まるが、より巧妙になり、より捉えにくく、見えにくくなるのである。聖ヨアンネス・カシアヌスは次のように書きとめている。「われわれは、自分たちの経験や長老の報告からしても、悪霊が今日かつてほどの力をもたないことを知っています」。そしてこの現象にたいする説明を二つあげる。「ひとつには十字架の力が、荒れ野の奥にまで浸透し、その恵みがどこにおいても光り輝いており、悪霊の邪気を抑えこんだ、というもの。もうひとつは［……］悪霊による目に見えるかたちでの攻撃が止んだのは、われわれを欺き、いっそう苛酷な敗北を喫するようにさせるためである、というものです[82]」。あとのほうの説明にしたがえば、悪霊はなかんずく霊的な人びとを襲い、彼らを油断させるために、霊的な判別を下しにくいかたちや手立ての行動をとっている、ということになる。

祓魔式は、日常の療法としては比較的早く姿を消したが、ときによって執り行われつづけ、人びとを病気や障碍からじっさい解き放つことができることを示している[83]。

世俗的な医術との一体化

ところが治癒のための宗教独自の手立てと並行して、キリスト教徒たちは、遺訓的な伝承を継承しつつ、キリスト教の初期から世俗的な療法に頼っている。すなわち当時の医術による療法である。

われわれは福音記者ルカが職業医であったことを知っている[84]。彼が回心後も医業をつづけていたかどうかは定かでないが、医術を職業とする数多くのキリスト者がいたことは、最初期の世紀から知られていた。カイサレイアのエウセビオスは、なかんずくフリギア人の聖アレクサンドロスのことを叙述している。この者は「医業を生業とし、何年も前からガリア地域に居を定め、その神への愛ゆえに、ほとんどの人に知られていた」[85]のである。彼らの多くは司祭であった。ゼノビウスは司祭であり、シドンの医者であった。[86]またペトロは「教皇権の栄誉に輝くだけでなく、身体を治療する医術も身につけていた」[87]。主教でさえあった者もおり、ティベリウス[88]や、コンスタンティヌス帝の治世下に生きたアンキュラのバシレイオスがそうである。聖ヒエロニュムスは彼が「医術の博士[89]」になったと伝えている。また医者でありラオディキアの主教であったテオドトゥスについて、エウセビオスは「その業績によって、この人は自分の名[90]と主教の肩書をかなえ、なによりも身体を治癒する体系的な知識にまさっていました」[91]と記している。そしてキプロスのトレミトゥスの主教ヨアンネス[92]や、あるいはギリシャ人医者でニコメディアの主教に叙階されたゲランティオスがいる。後者は庶民にまじって医業を営み、おおいに人望を集めた。[93]シリアにおいては、テオドシウス総主教が著名な医者であったし、[94]ポリティアヌスはアレクサンドレイア総主教に選出された後も、ときとして治療を施していた。[95]このほかにも数多くの事例をあげることができよう。[96]くわえて多くの教父が医術に関心を示し、また評価していたことが知られている。そのなかには研鑽を積むにあたって実習に従事したニュッサの聖グレゴリオス[97]やナジアンゾスの聖グレゴリオス、聖バシレイオスがいる。[98]ほかにもエメセノス主教のネメシオス、[99]ペルシウムの聖イシドロス、[100]シュケオンの聖テオドロス、[101]あるいは総主教の聖フォティオス、[102]さらに修道士のメレティオス[103]がいる。

ローマでは、西暦二〇〇年ごろから、キリスト教徒のあいだでガレノスの著作が読まれはじめ、評価されるようになっていたことがわかっている。[104]ガレノスの医術への関心が高まり、広まった結果、三世紀にはその診断法や治療法がキリスト教世界全体で認められるようになる。[105]教父たちが生理学や身体にかかわる医術に言及する場合、ビザンティンの医術[106]がとり入れたヒポクラテスやガレノスの医術の範疇をひんぱんに用いている。[107] そうした土台のうえに、ビザンティンの医術は新たな発展をみることができた。[108] ビザンティン世界の社会構造を勘案すれば、修道院や教会学校がビザンティン帝国の医術教育の中心であったと考えられるだけに、[109] こうした医術の基礎研究や応用分野での発展はなによりも教会当局の支持がなければ不可能である。[110]

医術は、愛の実践にもっともふさわしい手立てとして登場するのが一般的である。[111] だがその一方で、医術の悪用や一部の医者の悪行にたいする批判もある。[112] じっさい身体を治す医術は善人にも悪人の手にもなるのであり、[113] 霊的な観点からみた医術の価値は、それを施す者の姿勢にかかっていると考えられている。[114] 教父たちは、医者の仕事をほかの職業と同等に扱い、聖バシレイオスは当時の職名表にしたがって医者を職人に分類している。[115] その結果、医者の職業訓練は高級家具師や船長以上の宗教教育を必要とせず、既存の学校で行われるべきものであった。[116] 身体的な病気の治療についていえば、教会は医術にかんする独自の教義を立てず、[117] 当時の社会で用いられていた診断法や治療法を追認した。[118] 聖グレゴリオス・パラマスが言明しているとおり、生理学の領域には思想の自由が存在するのである。[119]

こうしてキリスト教徒は、必要なら医者に助けを求め、医者の勧める治療を受けることを妨げられることがなかった。ベン・シラが「医者に助けを求めなさい。彼を避けてはなりません。あなたには彼が必要なのです。彼があなたの健康を左右するときもあるのです」（シラ 38, 12-13）と助言しているとおりにである。教父も、そうした機会に遭遇すれば、同じように勧めている。オリゲネスは「医術は人類にとって有用であり、必要でもあります」[120] と明言する。フォティケーの聖ディアドコスは「患っているときに医者を呼ぶのはまったく問題ありません」と指摘する。[121] 聖バルサヌフィオスは「患う者が医者とその薬をつねに必要としているのは周知の事実です」[122] と記す。他方、聖バシレイオスは「医術の助けを拒むのは強情というほかありません」[123]と書きとめる。そしてキュロスのテオドレトスであるが、彼は「病気に襲われた者はいつも医者の助けを得ており、体系的な知識という攻撃手段を病気に対抗するための補助兵に〔しています〕」[124]と述べて、それが広く行われていたことを確認している。

医療がひとつの社会制度となるのは、キリスト教徒のなかにそれを主唱さえする者がいたことが背景にある。S・S・ハラカスは次のように記している。「慈善活動の一環として、患者の看護と組織的な治療を行うことを目的とした医業の整備を主導したのは正教会である。教会当局者は医者を評価していただけでなく、教会の愛他主義的な事業を遂行するために、それまでなかったようなやり方で彼らを採用した。ビザンティン帝国の施療院は、正教会のキリスト教的伝統と合理的な医療とが健全かつ有益な相乗効果を最高度に発揮した証拠である」[125]。じっさい現代の病院の祖先が誕生したのは四世紀の、ビザンティウムにおいてであったと考えることができる。教会はみずから率先して職業医師を雇い、仕事を組織し、賃金を支払っていた。[126]T・S・ミラーは躊躇することなく、次のように書いている。「ビザンティン帝国のクセノン〔*xenon*〕は、病人に医療を施した最初の公的機関であっただけでない。中世をつうじて施療事業の発展の主流となっていたのであり、そこから西方ラテン世界と東方イスラム世界は、自分たち固有の医療を整備するための着想をえたのである。ビザンティン帝国における施療施設の誕生と発展をたどることは、病院史の第一章をしたためることにほかならない」[127]。その誕生に、教会の二人の教父が重要な役割を演じている。聖バシレイオスと聖ヨアンネス・クリュソストモスである。前者は西暦三七〇年に、有資格者を擁した施療院をカイサリアの城壁の外に創設した。[128]その名をとって「バジリアッド」と呼ばれるこの組織は、カッパドキアやほかの地方につくられた数多くの施設の原型となった。[129]他方、五世紀はじめに聖ヨアンネス・クリュソストモスは、コンスタンティノープルに施療院を数多く開設している。[130] こうした事例はこの二つにとどまらない。アレクサンドリアの教会では、主教の指示によって看護団《パラボロイ》が組織され、四一六年から一八年には、その構成員が五〇〇人を超えていた。[131] テオドレトスは、キュロスの主教になると医師団の結成に努めたが、[132] 施療事業も整備しようとしていたかもしれない。[133] ペトラのテオドロスの報告によると、聖テオドシウスはその修道院の構内に「〔修道士が〕体の病気を安心して治せる施設をつくり、また施療を必要とする富裕な人びとには別の施設を割り当てた。最後に、患っている乞食の施療のために、別の特別な施療院を同様につくらせた」という。彼は同時に「さまざまな担当者によって構成される組織」を設けた。それは彼自身が「症例に応じて」[134] 行っていた「治療法によって、病人を健康にする」ためのものであった。十二世紀に修道院の施療院としてもうひとつよく知られていたのが、パントクラトロス修道院のものである。〔設立時の〕同修道院の文書《テュピコン》は、[135] それが高度に専門化した組織であったことを物語る。多数の専門班と、細かく階層化された医者と看護師が施療を保証していた。この施療院には五つの専門診療所があり、必要とするあらゆる設備を備えていた。[136] これらの最後の事例は例外的なものではない。ほとんどの修道組織（修道院、隠修士の僧房……）が看護室と看護師、[137] そして修道士でもあった専属の医者さえもときに有していたのである。[138] また官営の施療院にも医療担当官がおり、その一部は聖職者で、彼らがしばしば業務を統括していた。[139] 修道院という枠組みの内と外における医療施設の誕生とその運営への、このような修道士や聖職者の実質的な参画は、教会当局の支持がなければおそらく不可能であった。こうした支援は、ビザンティン帝国の最後の日々まで見られただけでなく、[140] トルコの支配下でも、[141] またその後もロシアでながく続けられた。[142]

したがって世俗的な医術への依存が、「俗世」と同様に教会や修道院の世界において、実地で問題になることはなかったと考えられる。[143]

最大主義の立場

しかしながらこうした依存は、これまで縷々述べてきたことを考えると、意外なことであるのかもしれない。縷々述べてきたことというのは、病気の根源的な原因についてのキリスト教の霊的な説明や、人間存在全体の治療をキリスト教自体がかなえる可能性をもっていること、そのための態勢、その結果としての宗教独自の治療法、とりわけキリスト教がキリストを唯一の医者とみなしている、といった事柄である。

じっさい、上述のとりわけ最後にあげた原則を理由に、キリスト教徒のなかには病気であっても世俗的な医術に頼ることを拒む者がいる。

タティアノスとテルトゥリアヌスは、こうした依存を批判までし、医薬を用いることを非としている。テルトゥリアヌスは「そうした手立ては異教徒に任せておけばよろしい。われわれを守る城壁は信仰である」と表明する[144]。またタティアノスは「薬で病気が治るというのは、どのような場合も欺瞞にもとづきます。なぜなら物質の特性を信頼して病気を治した者がいるとしても、神の力に身をゆだねればいっそう回復するからです。物質の特性を信頼する者は、なぜ神に身をゆだねることをしないのでしょうか」[145]と記している。シッカのアルノビウスも同じように、医術が異教徒の文化であるとして非難する。そして医術が、神の力にではなく、人間の認識を土台にして築かれていることを批判する。神の力が働くためには薬草も軟膏も必要ないのである[146]。

とはいえ、こうした原則的な立場はきわめて少数である。それらは、以下の三つの立場〔異端説〕の場合、疑わしい厳格主義に属している。第一の場合がモンタヌス派の立場[147]。二つ目がエンクラティス派の立場[148]。そして第三の場合が、おそらくマルキオン主義の影響を受けた立場である[149]。したがってそれらをキリスト教にとっての規範と考えることはできないであろう[150]。

そうした世俗的施療の拒絶が、修道院のあるしゅの慣行とつながりをもつことは事実である。それゆえ聖グレゴリオス・パラマスは次のように書きとめている。「ある霊的指導司祭は、修道士が健康のために入浴することを禁じ[151]、また病に伏しても施療に頼ることを許しません。なぜなら修道士はそのすべてが神に捧げられており、その神に全面的に服しているのであって、しかも神は修道士のために彼らが望んでいることをまちがいなくかなえてくださるからなのです[152]」。たしかに聖バルサヌフィオスも、医者や薬に頼らないようしばしば勧めている。病気のときに薬を用いるべきかどうかを尋ねた霊的な弟子のひとりにたいして、彼は「自分の希望を神のうちに捨ててしまえば、苦痛は和らぐものです[153]」と答えている。また別の弟子にむかって「患っていながら薬を無視できる者は［……］信仰の最高段階に達しているのです[154]」と述べる。そして三人目の弟子が次のように書き送ったという。「わたしの思いが「体を患ったら医者にみせるがいい。薬がなければ自分では治せないのだから」と語りかけるのです。そのあとに今度は「それらの薬ではなく、聖人の聖性を頼りにしなさい。そしてそれのみに満足しなさい」と反対のことを語りかけます。情け深い師よ、この二つの思いのどちらに心をとめるべきでしょうか、どうかご教示ください」。そこで聖バルサヌフィオスは次のように答えるのである。「兄弟よ、あなたは体を患っていることに心を砕いているようですが、わたしは教父たちにそうした心配ごとはなかったと考えます。したがって二つ目の思いのほうが最初の思いよりもまさっているのです[155]」。聖バルサヌフィオスは、二つの思いを手紙の相手に詳しく比較して論じ、次のように書きとめる。最初のほうの思いは、信仰の欠如を、「小心を、神を遠ざけさせる懐疑の源であるところの信仰の弱さがうちに巣食う臆病と同類のものを」あらわしている。それはじっさい神の摂理を疑う気持ちをおこさせ、心をとりこにして悪しき心配ごとに隷属させる。またふぬけにし、魂に動揺と悲嘆を生じさせる。二つ目の思いは、反対に「神のうちにあっての完全な信仰」をあらすのであり、「忍耐を導き入れ、試練を経た徳性に至らしめて（ロマ5,4）、そこから希望が生まれるのです」。それは神に信頼し、囚われの状態をなくして、「心配ごとから人間を解放し、主に向かってその心配ごとをすべて放り出させるのです」。そして「隠された病気を見出す者は、また自分自身の病気を治すことができる」ことを確信させ、魂を鎮め、無力感から守り、感謝の祈りを捧げさせ、人間が徳性によって自分の病気に耐え、ヨブの試練に加わるのを助けるのである。[156] 同様の観点から聖マカリオスは次のように記している。「あなたは、自分の信頼するキリストが病気を治せないかのように考えて、身体の病気ゆえにこの世の医者のところへ通うことがありませんか。それが自分をだますことであることに気づいてほしいものです。なぜならあなたは自分に信仰があると思っているようですが、本当はそうは信じていないのです。もしあなたが、不死である魂の永遠で不治の傷口や、悪徳が引き起こす魂の病気が、キリストによって治癒すると信じていたのであれば、身体の災いや一時的な病気をキリストが治せることも信じられるはずです。そうであれば医者の知識や施療を無視して、ただキリストひとりを頼りにすることができるはずです[157]」。

後者の方途は、しかしながら完徳者でなければ到達できない理想であり、それゆえほかの人たちに強いることのできないものである。[158] これは聖バルサヌフィオスの認めるところでもある。同様に聖グレゴリオス・パラマスも、俗世界と人間的な生き方を退ける修道生活の最大主義〔*maximalisme*〕にもとづいてこれを弁明するが、[159] それをすべてのキリスト者に課すことはせず、また修道士にとっての侵すべからざる規範ともしていない。[160] 彼は次のように指摘する。教父は「十分に篤い信仰をもつことができない者を、忌まわしい人びとであるとは考えませんし［……］」、ときには、むしろわれわれの弱さを憐み深く受け入れています」[161]。こうしてすべての霊的指導司祭がそうしているように、聖バルサヌフィオスは教条主義的にふるまうことをいっさいせず、各人に個別の霊的な実状に応じた助言を行っている。彼は、完徳の域に近い者にはより多くのことを求めるが、同時に他者の弱さに寛容でなければならないことも知っている。そうした彼らのひとりに、たとえば次のように書き送っている。「医者を訪ねることにかんしてですが、たとえどれほど辛くても、完徳者にはすべてを神に捧げることが求められます。しかし弱い者、そうした者は医者を訪ねればよいのです」[162]。オリゲネスも同じ考え方をもっていた。「謙虚で、人並みの生活を送ろうとするなら、身体の治癒には医療が必要です。しかしより高次の人生をめざすのであれば［……］、至高の神にたいして敬虔であるとともに、神に祈りを捧げる必要があります」[163]。聖マカリオスについて一部の註解者は、ぞんざいにもテルトゥリアヌスやタティアノス、それにアルノビウスの主張と同列に論じているが[164]、彼の立場は明らかにより含みをもたせたものである。彼の著作を精読すると、それがオリゲネスや聖バルサヌフィオス、聖グレゴリオス・パラマスの立場と類似することがわかる。先に引用した一節につづけて、じっさい彼は次のように記している。「まちがいなくあなたは次のように言うでしょう。「神は、身体を治すために大地の草や薬をわれわれに授け、身体の病気のために医者の施療を用意したのです［……］」。そのとおりであると認めることにしましょう。しかし注意しなさい。そしてそれがどのように、また誰に与えられたものであるのかを悟りなさい。人間への愛と至高であり無限である善性とによって突き動かされる神が、その計らいによってそのように整えたのが誰のためであるのかに気づきなさい。［……］［神は］、励ましと治癒、そして身体の手当てのために、この世界とその外に身をおくすべての人間に薬を与えたのです。そしてまだ神に完全に身をゆだねることができないでいる者に、その使用を許したのです。しかしあなたは隠修士の生活を送り、キリストに寄り添い、神

たあなたは、ひとつの信仰を、ひとつの考え方を自分のものとしなければならず、またまったく新しい、この世のあらゆる人間とは異なった生き方をしなければならないのです」[165]。

完徳者は医術に頼らずにすむが、それは彼にとって神がすべてであり、しかも直接に、そしてこれ以上のものはないという仕方で、神に自分を捧げているからである[166]。もうひとつの理由は、本人の霊的な状態には病気に耐え、神による治癒を授かる資格があるからである[167]。そして最後に、その場合、完徳者が高慢という誘惑の裏をかいて謙虚でいることができるからなのである。そうした高慢はかならず生じ、自分自身の力で治癒したと思わせるのであり、しかも自分を聖人と思ったり、自分の行った奇蹟を鼻にかけたりさせ、またほかの人たちを介して得られるあらゆる助けをないがしろにさせるのである。それゆえ聖バルサヌフィオスは、手紙の相手のひとりに「医者に頼らないのであれば、慢心に用心しなさい」[168]と注意している。他方、フォティケーの聖ディアドコスは霊的な人びとにたいして病気になったら医者を呼ぶよう勧めている。「なによりもそれらの人びとが、虚栄を張ったり悪魔的な誘惑に陥ったりして、医者は不要だなどと空威張りする者がいたりしないため」[169]である。したがって自分の病気や弟子とか来訪者の病気を祈りによって神から直接治癒してもらえるにもかかわらず、聖人自身がしばしば世俗的な医術に頼るのは謙虚さにもとづくのである[170]。

完徳者でなければ、なおさらそうでなければならない。衰弱している者が医者を訪ねるのは「罪ではなく、謙虚であるということであり、医者を訪ねなければならないほどに衰弱しているからなのです」と聖バルサヌフィオスは書きとめる[171]。聖バルサヌフィオスの原則的な立場は厳格であるが、実地ではきわめて柔軟であったようで、未来の聖ドロテオスに看護の仕事を託し、世俗的な医術を勉強するよう励ましさえしているのである[172]。

聖バルサヌフィオスにとってじっさい重要であったのは、われわれが医者や薬に頼るたびに、いつもそれらをとおして治癒するのが神であることを、けっして忘れないことなのである。[173]

神に帰することで正当化される世俗的施療の霊的な理解

こうした捉え方においては、テルトゥリアヌスやタティアノス、それにアルノビウスがとる厳格主義的な立場自体が、その射程に含みをもたせる現実的な解釈を可能にしている。彼らは、医者にたいする信頼が神への信仰にとって代わったり、人間が薬に頼ることによって物質自体の特性を信用し、あるしゅ偶像崇拝的な態度をとるようになったりすることを、とりわけ恐れていたのである。そしてその危険に対処するために、世俗的な施療を取り入れたキリスト者たちは、神こそが唯一の医者であるという根本的な真理に矛盾しない理解とその用い方を明確にすることに、おおいに心を砕いたのである。

教父がまず強調するのは、自然界に見出されたり、その産物からつくられるか、もしくは発明したりさえする薬の源泉が、神にあるということである。薬を発見したり、抽出もしくは製造したりする技術や、しっかり処方する技術も同様である。それらは、父祖の犯した罪ゆえに神の恵みを失った世界において、人間の身体が服している生存の物質的な条件に可能なかぎり立ち向かうことができるようにする、神から人間への贈り物なのである。[174]「さまざまな技術のひとつひとつが、自然に欠けるものに対処するために、神からわれわれに授けられました［……］。医術もまちがいなくそうしたものです」と聖バシレイオスは記す。[175]さらに次のように書きとめている。「身体は、その内部もしくは外部に起因する種々の病気にかかりやすいものであり、［……］過剰なり不足なりに苦しむのです。それゆえ、われわれの命全体の調停者である神は医術という贈り物をくださりました。それは余計なものを削ぎ、不足するものを補ってくれるのです」[176]「罪ゆえに死を運命づけられ、その結果あらゆる病気に支配されているわれわれは、医術が病人にもたらす苦痛の軽減を神から授かりました。それぞれの病気の治癒に固有の特性を発揮する植物が、地上に芽吹くのは偶然ではありません。むしろそれをわれわれが用いることを創造者が望んでいることは明白です」[177]。キュロスのテオドレトスも同じく書いている。「身体を冒す病気は多いが、それ以上に多いのが病気に対処するための薬です。それは、一つひとつの病気と闘うために［医療］技術によって発見された手立てが多いからです。創造主がこれほど多くの植物が地に生えるようにしたのはそのためなのです。しかも食用の植物だけでなく、そうでないものもあるのです。それは人間が食物だけでなく、治療のための薬もまさしく必要としているからです。われわれがそれらの植物から薬をこしらえて用いるのはそういうわけですし、［……］また医者がほかの植物も採ってきて病気を治す薬を調剤するのは、それを用いて死ぬかもしれない薬を、病気を取り除くことのできる薬にするためであるのです」[178]。というのも、オリゲネスが指摘するように、創造主は人間が必要とする薬を自然界に用意しただけでなく、理性を授けることによって、さらにそれらの薬の用い方を知るようにもしたからである[179]。診断し、治療法を決めるために医者が動員する知識、そして薬を用意する薬剤師の体系的な知識は、ともに神が人間に授けた知性に由来する。もし「すべての叡智は、主から来る」（シラ［一・一］）のであるとすれば、「健康にかんする体系的な知識以上に神に由来するものがあるだろうか」[180]とオリゲネスは尋ねるのである。

医術とその処方を受け入れることは、したがって「神の栄光を示す」[181]機会となる、と指摘するのは聖バシレイオスである。じっさい医者は、その医術と処方する薬とによって、被造物や人間精神のうちに創造主が献身的に分かち与えた神の働きを、実行に移しているだけなのである。こうして神の栄光の日差しをすべての者のうえに降り注がせる（マタ5,45）この神の摂理を、医術と薬が媒介するものでしかないことを認めるとき、それらの世俗的な性格はすべて消える。それらは宗教的な治療法と競合したり、それを超えたりするものであるどころか、その間接的な形態であり、神という医者が一人しかいないことが最終的に判明するのである。というのも、医者が神を信じていようがいなかろうが、これらのことを知っていようがいなかろうが、善き事柄のために効果的に働けるのは神の恵み、神の力、神の徳性、神の働きだけによるからである。薬をとおして働いているのは神である。このとき神は「可視的なものを介して」われわれを救う、と聖バシレイオスは指摘する。[182] 同様に、医者が合理的に（*logikós*）手術するとき、神が彼をとおして働いているのである。[183] それゆえに聖バルサヌフィオスは次のように記している。「神が医者を介して治癒をもたらしてくれることを信じて、われわれは主の名のうちに彼らを頼りにするのです[184]」。

治癒は神がもたらす

ここでの治癒は自然の工程によって生じるとはいえ、治癒そのものは神からじっさいもたらされるものなのである。そのことをアンティオケイアの聖テオフィロスは〔異教徒の〕アウトリュコスに思い起こさせている。「あなたは患うことや、やせたり、衰弱したり、血色がよくなかったりすることがあったかもしれませんが、神のうちに赦しと治癒を得て、体重と血色、体力をとり戻しました。あなたには、それらの体重や血色、体力を失ったとき、それがどこに消えたのかがわかりませんし、ましてやそれらをどのようにとり戻し、どこから得たのかもわからないのです。そこであなたはこう言うにちがいありません。「血となった食べ物や飲み物からもたらされた」と。ご名答。しかし、それをそのようにしたのもまた神のわざであり、神以外のなにものでもないのです」[185]。

ベン・シラはすでにこれらの諸点に触れていた。「医者の行っている仕事を考えて、それに値する敬意を彼に表しなさい。なぜなら彼もまた神によって創造されたからである。じっさい治癒［ヘブライ語本文では、医者の叡智］は、王から受けとる褒美のように、神からもたらされるのである［……］。主は治癒をかなえる植物を大地に生やさせ、思慮分別のある者はそれらをおろそかにしない［……］。人間に体系的な知識を授けるのもまた主であるが、それは人間が主の力強いわざを称えるためである。医者は体系的な知識を駆使して治療し、苦痛を軽減する。薬剤師は調合する。このようにして主のわざに終わりはなく、主によって善き事柄は地上に広がるのである」（シラ 38, 1-8）。

このようにキリスト者は、〔自然のみを実在と考える〕自然主義の対極に立つ。そして医術や薬自体に効能や治療上の効果があるかもしれないと信じることが幻想である、と考える。聖バルサヌフィオスは「神がいなければ、それが医者であろうとも、なにもできないのです」と強調し、[186]さらに次のように助言する。「神がいなければ、だれも治癒しないことを忘れてはなりません」[187]。

こういうわけでキリスト者は、医者に頼るとしても、そこに一仲介者の姿を見るにとどまる。[188]キリスト者は、神の名によって助けを求めるのであり、[189]神に、神をとおして治癒を願うのである。聖バルサヌフィオスは次のように書いている。「医者に頼る者は、神に頼ってそうしなさい。そして「神が医者を介して治癒をもたらすことを信じ、われわれは主の名のうちに医者を頼りにします」と唱えながら、そうしなさい」[190]。同様に、キリスト者が処方された薬を服用するときは、その効能を願って神に祈る。そして病気が治ったとき、あらためて感謝して祈るのは神にたいしてである。このことについて聖バシレイオスはヒゼキヤ王の例をあげている（王下20, 7）。王は「菓子や干しいちじくが健康の唯一の理由とは考えず、それによって自分が治癒したとも考えなかった。むしろ神が干しいちじくも創造したことに感謝したのである」[191]。神に祈ることをおろそかにすると人間は霊的な死を自分に科すことになる。そのことをユダの王アサの例（代下16, 12-13）が物語っている。「アサはその治世第三十九年に全身を患った。患っていながら、主ではなく、医者に頼った。アサは病床につき、その治世第四十一年に死んだ」。師父マカリオスが強い調子で思い起こさせようとするのも、またこのことである。「もし体を患い、天からの救いを願わない者がいるなら、この者はヨブや身体が麻痺していた者がそうしたように、三位一体の神の力を冒瀆し、サタンに席をあけ渡したことになります」[192]。アサ王の挿話からオリゲネスは次の教訓を引き出す。「信仰心を授けられた者は、医者を神の奉仕者とみて接するのです。それは、人間に医術を授けたのが神であり、同様に神が地に植物を生えさせ、ほかの［薬用の］草も配したことを知っているからです。人はまた、神が望むのでなければ医者のいかなる技術も効果がないことを知っています」[193]。

キリスト者の医者がとる姿勢の第一の特徴は、自分自身では、そして自分がもつ医術の力だけでは、なにもできないという気持ちをもっていることである。そこで彼らは、診断を下す前に天啓をえられるよう神に祈り、治療法を処方する前にそれが適切であり、効果があるようにと神に願う。そして再生の神の恵みのうちに自分を無にし、病人が神の全能性によって加護されるよう祈るのである。そこで聖バルサヌフィオスは「医術に専心する者は、神の名によって専心するのでなければなりません。そのとき神はその者を助けるでしょう」と助言する。[194] またベン・シラは、医者について次のように記している。「主が病人の苦しみの軽減［ヘブライ語本文では、主が診断どおりにし］と治癒をかなえ、あなたの命を永らえさせてくださるよう、彼らは主に祈るでしょう」（シラ 38, 14）。

医学の限界

こうしたとき医者がもつかもしれない自負は打ち砕かれる。ベン・シラが「体系的な知識は医者を昂然とさせており、権勢家から敬服されている」（シラ 38, 3）とすでに述べていた、その医者のことである。治癒する能力を自分自身からか、もしくは医術だけから引きだせると考える医者にたいして、ヨブの叫びが応じている。「あなたたちは医者のペテン師、やぶ医者にすぎない」（ヨブ 13, 4）。

教父は、医術にかんする体系的な知識と施療の価値を認めると同時に、その限界もはっきり強調する。[195] そして病者が、医術や医者を絶対視してしまう誘惑に陥ることがないように、またその結果として、神こそがつまるところただ一人の医者であり、あらゆる治癒の唯一の源泉であることを忘れてしまうことがないように、しばしば警告するのである。そこでシリア人の聖イサークは、「身体が支配し」「この世の事柄だけを扱い」「神の摂理がわれわれを統治することを見てとらない」あらゆる体系的な知識なり技術なりを、知識のもっとも低い段階におく。そこでは「人間は、みずからの努力とふるまいとによって、すべての善き事柄、自分を害するものから解放してくれる救い、さまざまな困難や陰に陽に起こる無数の逆境に抗するための注意深さ、それらを当然のこととして自分が手にしているものと思っている」。そして「現実世界を統治するのが神でないと述べる者と同じように、体系的な知識や技術そのものがすべてを支配する理法であると考えることに心を砕くのである[196]」。また聖バルサヌフィオスは次のように記している。「［医術に］ではなく、生と死を采配する神に希望をおかなければなりません。神は「わたしは傷つけるが、治すのもわたしである」（申32, 39）と言ったのです」[197]。同じことを聖バシレイオスも叙述している。「医術に頼らなければならないとき、それが健康や病気のことでしかないと、みなすことがないように用心しなければなりません」[198]「医者を自分のたちの救い主だと、ためらうことなく称える哀れな者がしているように、治癒の希望をすべて医者の手にゆだねてしまうのは馬鹿げています」[199]。フォティケーの聖ディアドコスは、医者の助けを得ることを勧めつつも、同じ趣旨の事柄を明言する。「しかしながら治癒の希望は、彼らにではなく、われわれの真の救い主、医者であるイエス・キリストに託さなければなりません」[200]。

医学には、その本質自体にもとづくいくつかの限界がある。「科学」であるという事実からしてそれは当然、現象的な現実だけを対象にする。そのためおのずと病気は病人とは無関係の自律した事象とされ、患っている者を「患者」と捉えて症状の集合体に単純化し、ついには物のように取り扱うことになる。だが病んだ体は依然として人間の身体である。その状態はつねに、その人間の心、すなわち精神的な状態と、また霊的な状態とも結びついている。人間の現状だけでなくその運命をも巻き込んだ状況下における人間と神との関係や、病気がもちうる霊的な意味を考えると、現象的な現実にかんする知識だけから病気の原因や進行を完全に理解することが不可能であることがわかる。

病気の深淵で本源的な原因や、平等な「機会」によってあの人ではなくこの人が、あの時ではなくこの時に罹患する理由は、しばしば臨床医に見落とされている。彼が自然因しか捉えることができない条件下にあるからである。だが病気にはまた形而上学的な原因があって、そのことをたとえば聖バシレイオスは想起させている。「薬を用いることが有効であると認められるさまざまな病［……］は、そのすべてが自然界の理法に起因するわけではない［……］」[201]。

治癒の過程にも臨床診断上、同じ問題が残る。同一の治療にたいする異なる反応、治癒する速度とその病気の原因もしくは重症度とのあいだにしばしば見られる不釣り合い、根治の難しい軽い病気と「自然」に鎮静する重病、これらはいずれも科学だけではしばしば説明がつきにくく、病人個人の現実や定め、あるいは本人と神との関係を同じように参照することを想定させることになる。ときとして神は、投薬とは関係なく、もしくは投薬と同時に、人間を直接に、あるいは可視的なかたちで救うし、ときにはその薬剤のうちに神の恵みが、あるときはすみやかに、あるときはゆっくりと作用する。[202]いずれにしても治癒は神の意志にもとづくのである。「神は自分が望むときに病人を健康にする[203]」と聖バルサヌフィオスは想起させるが、上述したように、各人にとって霊的にもっとも善いことに神の意志は向けられているのである。

キリスト教的な展望が明らかにする人間の本性全体とその終末性は、医学がもついくつかの限界を指し示している。それは病気や病人を理解する力だけのことではなく、その射程の限界なのでもある。

一方で、医療がもたらす苦痛の軽減はいっときのものでしかない。腐敗しやすい身体は、最後に死を迎えるために、かならずやまたほかの病魔に冒される。死は「医者を押しのけ、薬の空しさを知らしめるのです[204]」とは、教父キュロスのテオドレトスが指摘するところである。

魂の治癒にも心を注ぐこと

他方で、人間は身体だけの存在でもない。それゆえに「キリスト者は、身体の手当てに一生余念がないかのようにする事柄を避けるべきです」[205]と聖バシレイオスは書きとめる。身体のことだけを心配するのは、永遠の損失であり、身体と魂を失うことにほかならない。病床で神に加護を祈るとき、キリスト者は病気が身体を救う機会となるようにするのであるが、とりわけ魂を救う機会にする。聖バシレイオスもまた次のように助言する。「医療が求めるところを認めるにしろ、上述の理由から顧みないにしろ、いずれにしても神の意志をつねに心にとどめ、善き魂を目指して「食べるときも飲むときも、なにかほかのことをするときであっても、すべてを神の栄光のためにしなさい」（一コリ 10, 31）という使徒の教えをなし遂げなければなりません」[206]。なににもまして重要なのは、その治癒を、それがどのような様態であるにせよ、病気と同様に、神において生きることなのである。聖バシレイオスはさらに、「治癒の恵みがわれわれに与えられるとき、［……］神が目に見えないかたちでわれわれを救ってくださったのか、それとも可視的なものを介して救ってくださったのか、といったことは考えずに、ただ感謝してその治癒を授かりましょう」とも助言する。[207]人間は、病床にあるときも治癒したときも、自分の最期を、すなわちキリストのうちにおける自分の存在の全面的な、そして決定的な救いを見失わないようにしなければならない。医者になることを望んでいた若き聖パンテレエモーンに、彼の霊的指導司祭であり医者でもあった聖ヘルモラオスは次のように諭している。「〔医神〕アイスクラピウス、〔医術の祖〕ヒポクラテス、そして〔医術者〕ガレノスは、身体の病気を治癒したり、一時的ではあるが、健康やかならずや失わざるをえない命を維持したりするための奥義を、たしかにきわめました。しかしイエス・キリストのほうがはるかにすぐれた医者であったのです。なぜならキリストは、身体と魂の病気を治していたのであり、永遠の命を授けていたからです」[208]。神の意志にもとづいて職務を遂行するなかで聖化されたキリスト者の医者たち[209]は、みなこうした展望から、なによりもまず施療する病人に、キリストによる人間本性の完全な治癒を告げることにこだわった。キリストを見習うことによって、彼らは身体の奇蹟的な治癒をとおして魂の神秘的な治癒を解き明かすのである。彼らは、医術の特性を発揮させながら、人びとにあらゆる治癒の源泉とその卓越性を示し、医術の限界を打ち破る。彼らは、その実地経験と能力を、自分たちの行った奇蹟のうちに示された恵みを伝えるための手立てにする。またそれらの奇蹟を、キリストのより深遠でより完全な治癒の、しるしと担保にするのである[210]。彼らの治療行為の一つひとつが、ひとつの象徴であり、招きである。彼らは、病む人間に目を向けることで、人びとが神の赦しを観想し、その神に目を注ぐようにと誘う。身体の病気を治療することで、人びとが自分たちの魂を手当てするよう呼びかけているのである[211]。病気から健康にすることで、彼らは病者に回心を促す[212]。こうして彼らは医術が内包する象徴的な意味を明らかにするが、それは医術本来の役割を否認するものではなく、超えるのである。聖バシレイオスは「医術は、魂を手当てする術を象徴する[213]」のであり、なによりもまず「魂にたいしてなさなければならない手当ての形象[214]」として理解されなければならない、と記している。じっさい教父は、体系的な知識と霊的な実践を魂の医術として語ることで、この象徴をくりかえし用いたのである[215]。

身体の治癒は人間存在全体の霊的な治癒を象徴し、告げる

教父は、医術の観点から行われた治癒だけでなく、宗教的な治療を介して果たされる治癒もまた、この霊的な文脈全体のなかに位置付けている。肉体の病気の治癒は、どのような場合も霊的な病気の治癒を参照させるのである。身体の健康を神に乞うたびに、それと連動して、魂の健康と病者の救いとが神に願われているのである。この見地は、キリスト自身の教えと実地の行いにもとづいている。

成就した身体の治癒によって、キリストは苦しむ人びとに同情と共感を、そしてそれらの人びとの病気や肉体の障碍を軽減しようとする意志を示す。だが身体の治癒の先にキリストが見ているものは魂の治癒である。しかもそれこそが優先されるべきものであることを教えている。そのようにしてキリストは、自分に近づきながらも身体を治癒することしか念頭にない者たちにたいして、ほかの医者や奇蹟を行う者たちよりも、自分が多くのことをもたらすことを示すのである。[216] 聖ヨアンネス・クリュソストモスは次のように指摘する。「イエス・キリストがとりわけ治癒したいと望んでいるのは、われわれの霊的な病気です。キリストが身体を治癒するのは、そのあとに魂を治癒するためであるからです[217]」。麻痺患者とその患者を運ぶ者（マタ 9, 1-8、マコ 2, 1-12、ルカ 5, 17-26）が、肉体の障碍の回復だけを願ってキリストのもとに来る。そして「身体の健康をもっぱら望むのである[218]」。ところが彼らの願いをかなえるかわりに、キリストは「子よ、信頼しなさい。あなたの罪は赦されている」と述べる。そして律法学者たちが異議を唱えた（「どうして彼はそう語れるのか。神を冒瀆している」）あとにはじめて、キリストは肉体の障碍からも解放するのである。ここでは、身体の治癒が二次的な意味しかもたないことが見てとれる。身体の治癒は、キリストが魂のうちにもたらすもっとも重要な治癒の、そのもっぱら可視的なしるし（ここでは律法学者によって代表された信仰の薄い者が理解できる唯一のもの）なのである。[219] また身体の治癒は、なによりもまず内的な人間（「内なる人」）の霊的な再生を外在化した象徴であり、それを実現するためにキリストがもつ権能の明白な啓示なのである。「人の子が地上で罪を赦す権能をもつことを、あなたたちが知るため」に、キリストは麻痺患者にむかって「起き上がれ」（マタ 9, 6、マコ 2, 10、ルカ 5, 24）と言って、その肉体の障碍を治したのである。

魂の病気は身体の病気より重大である

神は「人の心の奥底までも探り知り」、全人類の救いを永久に心にかける。その神にとって、霊的な病気は、たとえその性格上、分別に欠ける人間には気づかれないままであり、その引き起こす事態がすぐさま感じとられるものでないとしても、じっさいのところ肉体の病気よりもいっそう重大なのである。[220] ベトザタの池で、病人を治したあと（ヨハ 5, 1-9）、キリストはその者に「もう罪を犯してはいけない。さもないと、もっと悪いことがあなたに起こるかもしれない」と語った。「もっと悪いこと」とは、つまり罪そのもののことと、それがもたらす結果をさしている。というのは、身体の病気は、たとえそれが肉体を死に至らしめるとしても、それ自体は救いの障碍とはならないのであって、「外なる人」（二コリ 4, 16）しか冒さないからである。反対に、魂の病気は人間全体、すなわち魂と身体の救いを妨げるのである。それは「内なる人」（同上）に新しくされることや、神の霊から生まれる「新しい人間」の出現の障碍となる。神の霊は、魂と身体のうちに（二コリ 4, 10 および 11）、父なる神に遣わされたイエスの命（同上）を発現させ、人間を神の国の至福を永遠に約束された「新しく創造された者」（二コリ 5, 17）にする。魂の病気は、人間が腐敗（ガラ 6, 8）と死（ロマ 8, 13）をその報いとして受けるほかなくする「主の霊に反して欲する」（ガラ 5, 17）肉のなかに人間を押しとどめる。それゆえに、キリストは次のように教えている。「身体を殺せても、魂を殺すことのできない者どもを恐れるな［この「者ども」とは、とりわけ肉体の病気のことである］。それよりも、魂と身体を同時に火の地獄《ゲヘナ》で滅ぼすことができる者を恐れよ」（マタ 10, 28）。（この「者」とは、霊的な病気の治癒を神に願わないことにした者を、それがもたらす結果に服させる公正な審判者のことである）。

相対的な肉体の健康

肉体の病気が、霊的に新しく創造された人間の本質的な現実と永遠の定めを、それ自体では冒すことができないのにたいして、肉体の健康はそうした現実や定めに照らして考えるとき相対的な価値しかもたない。一方で、もし人間が魂を患っているなら、肉体の健康はなんの役にも立たない。なぜならその人間は「肉」(ヨハ6, 63参照)にとどまり、肢体を用いて神をたたえることをしないからである。[221] したがって肉体の健康は、結局のところ「ゲヘナで」滅ぶことを妨げたりはしない。他方で、この地上での肉体の健康は一時的で、かりそめのものでしかない。「肉〔なる者〕はすべて草のようであり、その栄華は草の花のようなものである。草は枯れ、花は散る」(一ペト1, 24、イザ40, 6)。人間がこの世で生きるかぎり、その身体は「地に属する身体」(一コリ15, 47-49)なり、「自然の命」(一コリ15, 44および46)としての身体の現状のもとで、罪ゆえに腐敗の支配下におかれ、死に服さなくてはならない(ロマ5, 12参照)。「われわれの「外なる人」は腐敗する」(二コリ4, 16)のであり、「地上でわたしたちが住まう幕屋」は「朽ち」(二コリ5, 1)なければならないのである。

将来の非腐敗性と不死性の約束

キリストはまた、病者や障碍者の身体を治癒し、健康をとり戻させるのとあわせて、これらの人びとのためにいっそう善いことを心にかける。それはすなわち、彼らの死後に、非腐敗で不死である神の力によってとり戻された身体のうちに、彼らを復活させ、それによって彼らを腐敗と死から決定的に解放することである。そして、魂におけると同様に、この新しくされた身体に真の命を永遠に彼らに与えることである。「そういうわけで、わたしたちは落胆しません。たとえわたしたちの「外なる人」が朽ちるとしても、わたしたちの「内なる人」は日ごとに新たにされるのです。というのも、目下の小さな災厄は、不滅の重みをもつ栄光をわれわれにさいげんなくもたらすからです。それはわたしたちが見えるものではなく、見えないものに目を注ぐからであって、見えるものは移ろいゆきますが、見えないものは永遠であるからなのです。じっさい、地上でわたしたちが住まうこの幕屋が朽ちるなら、人間の手によらない永遠の住まいである神の建てた天の建造物があることを、わたしたちは知っています」(二コリ 4, 16-5, 1)。キリストのかなえる奇蹟が、いまや彼がもたらす、きたるべきこの再生のとりわけ可視的なしるしであることが明らかとなる。そこでは、人間はその身体のうちにあってあらゆる病気が決定的に治癒し、完全で、不滅の健康を知ることになる。人間を自分たちのまさしく身体のうちに復活させ、またほかの者たちの肢体を治癒することによって、キリストは「永遠の事柄を、かりそめの出来事によって予示していたのです。そして自分が形を与えたものに治癒と命を授ける権能をもつ者であることを示しました。それは復活にかんする約束の言葉を人びとが信じるためでもあったのです[222]」と聖エイレナイオスはつづっている。

キリストは身体もまた救うために遣わされた

異教の偽神は、死すべき人間の定めに無関心であり、また「賢者」は魂の解放だけを重視して身体を蔑視する。後者はその身体を墓場と捉え、そのなかで魂は原初の本性を失い、できるだけ早く「脱出」することが模索されなければならないのである。それらとは異なって、人間にたいする神の愛を示すキリストは、人間の魂と身体を、すなわちその全体を救いにくる。それは、神の善き事柄の初穂を知るようにとキリストが人間の身体と同時に魂のうちで呼びかけている、この現在の生にとどまらない。死後の来世においても、キリストは身体を復活させ、腐敗しないようにしたのち、人間がそれを永遠に存在全体で完全に享受するよう計らうのである。[223] キリスト、父なる神の子、神の言《ことば》は「神の条件を有しながら、神と等しくあることに固執しようとせず」（フィリ2,6）、自分が肉〔体〕となることを軽んじなかった（ヨハ1,14）。キリストは、われわれの本性を全体として、かつ神の恵みを失った状態（罪を除く）において、位格《エンヒュポスタトス》においてあるものにすることで、「わたしたちと同じ、ただの人間」（ヘブ4,15〔参照フィリ2,7〕）となった。それゆえ咎《とが》を負う人間の魂とともに腐敗する肉体をもち、病苦や死に服さなければならないことによって、「彼はすべてが治癒されるために、すべてを引き受けたのです」[224]。キリストは、自分自身が罪を犯していないにもかかわらず、アダムが犯した罪の結果を、その人間の魂と身体のうちに、みずから進んで受け入れた。そうすることで、われわれの本性にある腐敗性を引き受け、受難と十字架の苦しみ、そして「肉の身体において」（コロ1,21〔22〕）死ぬことまでをも受け入れ、その魂とともに黄泉に、またその身体とともに墓にとどまった。しかし同時に、不変の神であることによって、地獄の力がその魂を支配したり、その身体が腐敗したりすることを許さず（使 2, 31）、むしろ地獄をはく奪し、腐敗を根絶したのである。こうして主は、滅ぼした悪魔（ヘブ 2, 14）の暴虐と打ち壊した罪の支配（ロマ 6, 6）とから、われわれの本性を主において解放し、腐敗への隷属からわれわれを解き放った。死を克服したその死とその復活によって、主はわれわれの本性全体に、魂と身体に、その永遠の命を授け、またその昇天によって、神はキリストを称え、父なる神の右の座につけた。そして時が尽きるとき、この永遠の命とともに、キリストは全世界を裁くために栄光のうちに再臨するのである。

キリストが死にたいして勝利を収めたことによって、死はもはや人間にとっての終わりではなくなる。なかんずく身体と魂との決定的な分離や、手の施しようがない身体の分解でなくなる。聖ヨアンネス・クリュソストモスが叙述するように、死はもはや腐敗の終焉[225]、そして死の根絶でしかなくなる。[226]人間がなおも死ななければならないとしても、それはもはや生の終幕なのではなく、その者の死が超越されているゆえに、再び生き、よみがえり、非腐敗性と不死性に身を包むことができるようにするためのものとなる。[227]蒔くものは「死ぬのでなければ命をとり戻せない」（一コリ 15, 36）のであり、「腐敗するものは非腐敗性を受け継ぐものではない」（一コリ 15, 50）のである。

じっさいキリストによって（一テサ 4, 14）、キリストとともに（同上）、そしてキリストのうちに（一コリ 15, 22）、聖霊（ロマ 8, 11）の力によって、神は死んだ者の身体をよみがえらせ、命をとり戻させる（同上）。神は人びとのあらゆる病気を治癒するのであり、それは預言者イザヤの言葉にあるとおりである。「死者はよみがえるであろう。地中にある者は歓喜するであろう。主がもたらす露は彼らにとっての治癒であるからである」（イザ 26, 19）。こうして身体は、過去のさまざまな病から解き放たれ、完全性をとり戻すことになる。このことについて教父テルトゥリアヌスは次のように記している。「もし肉〔体〕が消滅から救われなければならないのであるとすれば、いわんやその病は治癒されるべきでありましょう［……］。もしわれわれが栄光に到達するために変えられるのであれば、たんなる完全性に到達するのはどれほどのことでもありません。こうして一人の死者の復活は、まさに存在するもの全体の再生にほかならないのです。この死者は、復活しなかったその一部として死んだままでいるようなことはないのです」[228]。

身体を復活させ、その完全性を回復した後、神はこれを腐敗しない、不死のものにする。それは「腐敗するこの身体が非腐敗性を帯び、死すべきこの身体が不死性を帯びなければならないからです」（一コリ 15, 53）。そのとき「わたしたちは変えられることになる」（一コリ 15, 52）。しかし、それは地上にあるときとは別の身体をわれわれがまとうことになることを意味しない。それは輪廻転生のことでもなければ、再度の受肉のことでもないのである。教父はそのことを強調している[229]。各人とも自分自身の身体を再度まとうが、その身体は、これまでその目下の本性を特徴づけてきた不完全さや、弱さ、腐敗性、そして不死性をもたないものとなる。「死者の復活もこれと同じである。身体は腐敗するものとして蒔かれるが、非腐敗であるものとして復活する。つまらないものとして蒔かれるが、輝かしいものとして復活する。弱いものとして蒔かれるが、力強いものとして復活するのである」（一コリ 15, 42-43）。目下の自分たちのような物質的な様態としての身体はもはや存在しなくなる。したがって復活したキリストの身体がそうであるように、いかなる規定、必然性、限定ももたない[230]。それと似たものになるのである[231]。しかし身体でなくなることはなく、「魂に類似する形態が与えられ[232]」、「地に属する身体」であったものが「霊的な身体」となる（一コリ 15, 44）[233]。その身体は魂と完全に一体となり[234]、霊的な働きを完全に透きとおすものとなる[235]。キリストの言葉にもとづけば、復活した後の人間は「天における天使のようになる」のである（マコ 12, 25 = マタ 22, 30 = ルカ 20, 35-36）[236]。

身体はこの新たな条件のもとで、もはや地上の像《かたち》でない天上の像をとり（一コリ 15, 49）、したがってどのような形態の腐敗にも隷属しなくなる。病気も[237]、肉体の苦痛も[238]、またいかなる変質も経験することがなくなる。[239]

このとき人間は自分の身体のうちに完全で、全面的、決定的な健康を見出すことになる。それは人間が恵みの豊かさを、その魂のうちにと同様に、受けとることができるためである。また人間が、自分の存在全体で神性に参画する者（二ペト1,4）となり、肢体全体と、元始から「神となるため」に創造されることによって人間に授けられた手立て全体とで、神の善き事柄を永遠に享受できるようになるためである。だがこのときそれらは、神の霊の力によって変容され、命を与えられて、完全性を見出すことになる。

ここにいたって身体は、人性の位格《ヒュポスタシス》において魂とともに神化されるという、その最終的な定めを遂げることになる。聖マクシモスは次のように記した。人間は「その魂と身体のうちで、完全に人間の本性をとどめながら、人間に完全にふさわしい神の恵みと至福の栄光がもつ神的な壮麗さによって、その魂と身体のうちで、全面的に神となるのです[240]」。

癒されません．また神とひとつになった者は救われているのです」（*Lettres*, CI）．

225　*Homélies sur la résurrection des morts*, 7. *Commentaire sur le psaume*, XLVIII, 5 を参照．

226　Homélies sur Matthieu, XXXIV, 4.

227　La mort est un bien, 15.

228　De la résurrection, 57.

229　たとえば以下を参照．S. JEAN CHRYSOSTOME, *Homélies sur 1 Corinthiens*, XLI, 1 および XLII, 2; *Homélies sur 2 Corinthiens*, X, 2-3. S. IRÉNÉE, *Contre les hérésies*, V, 2, 3. TERTULLIEN, *De la résurrection*, 52; 53; 55; 60; 62. S. GRÉGOIRE DE NYSSE, *La Création de l'homme*, XXVII, XXVIII.

230　以下を参照．S. GRÉGOIRE DE NYSSE, *De mortuis*, PG46, 532 段と 536 段．S. GRÉGOIRE PALAMAS, *Triades*, I, 3, 36.

231　S. JEAN CHRYSOSTOME, *Homélies sur Philippiens*, XIII, 2 を参照．それゆえキリストはその復活後，「弟子たちのいた場所の閉じてあった戸」（『ヨハネによる福音書』20, 19 と 26）を通過してしまったり，にわかに姿が見えなくなったりすること（『ルカによる福音書』24, 31）で，新たな条件下の人間の身体が物質界の法を超越することを示す．またキリストが弟子といっしょに食事をとる（『ルカによる福音書』24, 41-43）のは，食事が必要であったからではなく，亡霊があらわれたと弟子たちが思わないように無益なことを省くためである（『マルコによる福音書』6, 49;『ルカによる福音書』24, 37 を参照）．このことを主日の朝課で朗読される，復活大祭のためのエオティノン〔*eothinon*〕の第 8〔6〕福音は「あなたの弟子たちは「霊を目にしたと思っていました．そこであなたはご自分の両手とご自分の両足を見せ，彼らの心の迷いを絶ったのです．しかしそれでも彼らが信じようとしなかったので，あなたは彼らといっしょに食べたのです」」と記している〔『ルカによる福音書』24, 36-53〕．

232　S. MAXIME, *Mystagogie*, VII.

233　S. GRÉGOIRE PALAMAS, 上記引用文中を参照．

234　S. MAXIME, *Scolies sur les Noms divins*, I, 4, PG4, 197 を参照．

235　S. GRÉGOIRE PALAMAS の上記引用文中を参照．

236　同書，上記引用文中を参照．

237　以下を参照．S. JEAN CHRYSOSTOME, *Homélies sur la consolation de la mort*, I, 6. S. AMMONAS, *Lettres*, I, 2.

238　以下を参照．S. JEAN CHRYSOSTOME, *Homélies sur 2 Corinthiens*, X, 1 と 2; *Homélies sur 1 Corinthiens*, XLI, 1. S. AMMONAS, *Lettres*, I, 2.

239　以下を参照．S. GRÉGOIRE DE NYSSE の上記引用文中．TERTULLIEN の前掲書，57.

240　S. MAXIME LE CONFESSEUR, *Ambigua*, PG91, 1088C.

医術に付与し，神の恵みが透き通るようにしていることをあらわしているのである．

211　聖バシレイオスは「大いなる医者，エウスタティオスに」と題される手紙のなかでそのように行うことを称えている．「あなたは自分のために人間愛の境界をさらに押しやろうとしています．というのもあなたは，医術の恩恵を身体に限定することなく，魂の病気の治癒にも思いをいたしているからです．」(*Lettres*, CLXXXIX, 1)．

212　こうして聖人伝の記述で，病人の治癒がいつもその回心と結びつけられているのは，R. AIGRAIN, *L'Hagiographie*, Paris, 1953, 185-192 頁で強調されているとおりである．

213　上記引用文中．

214　同上，同書．

215　この点を筆者は *Thérapeutique des maladies spirituelles* において検討した．

216　ORIGÈNE, *Contre Celse*, I, 68 を参照．

217　*Homélies sur Matthieu*, XXIX, 2.

218　同上，同書．

219　S. JEAN CHRYSOSTOME, *Homélies sur Matthieu*, XXIX, 1-2.

220　以下を参照．S. GRÉGOIRE DE NAZIANZE, *Discours*, XIV, 18. S. JEAN CHRYSOSTOME, *Consolations à Stagire*, III, 13.

221　上記 53-54 頁を参照．

222　*Contre les hérésies*, V, 13,1. TERTULLIEN, *De la résurrection*, 38 を参照．この点で，キリストもしくは使徒の行った奇蹟による治癒について詳述している聖書の多くの箇所で，*sôzein* という動詞が使われていることは特徴的である（『マタイによる福音書』9, 22; 14, 36.『マルコによる福音書』5, 34; 6, 56; 10, 52.『ルカによる福音書』8, 48, 50; 17, 19; 18, 42.『使徒言行録』4, 9; 14, 9 を参照）．すでに強調したように *sôzein* は，「治癒する」と「救う」という二重の意味をもつ．またさらに egeirein という動詞も，「病気から立ち直る」という意味と「死から起き上がる」，すなわち「よみがえる」という二重の意味をもっている（『マタイによる福音書』8, 15; 9, 6.『マルコによる福音書』1, 31; 2, 11; 9, 27.『ルカによる福音書』5, 24; 6, 8.『ヨハネによる福音書』5, 8.『使徒言行録』3, 6-7 を参照）．これら二つの言葉〔sôzein と egeirein〕は，文脈が一つ目〔「治癒する」と「病気から立ち直る」〕をさすときは二つ目の意味〔「救う」と「よみがえる」〕がこの一つ目の意味の背後にダブる．逆に，意味のこの二重性が，救いや復活が人間本性の治癒であることをうかがわせるのである．

223　以下を参照．*Tome hagioritique*, PG150, 1233B-D.S. SYMÉON LE NOUVEAU THÉOLOGIEN, *Catéchèses*, XV, 73-74. S. MAXIME, *Ambigua*, PG91, 1088C:「魂と身体のうちで，完全に人間の本性をとどめながら，［人間は］人間に完全にふさわしい神の恵みと至福の栄光がもつ神的な壮麗さによって，その魂と身体のうちで，全面的に神となるのです」．

224　S. JEAN DAMASCÈNE, *La Foi orthodoxe*, III, 20. 彼はさらに「全面的な救いをもたらすために，主はわたしの全部を捉え，わたしと一体となりました．主はみずからが受け入れたものでなければ，治すこともできないからです」とも述べている（同書 6）．同じことをナジアンゾスの聖グレゴリオスも述べている．「受け入れられているのでなければ治するものにとりわけあてはまる．なかでも *Kosmas und Damianos*, L. Deubner 版, Leipzig-Berlin, 1907, 16 (138–139 頁), 23 (160–161 頁) と Vita Sampsonis, PG115, 284–288 を参照．PALLADE, *Histoire lausiaque*, XXXVIII, 9 と *Vie de S. Théodore de Sykéôn*, 80b, 97, 121, 156 も参照のこと．この無力さについては，福音記者マルコとルカが出血患者の挿話を伝えるなかで指摘されていることを想起したい．「十二年このかた出血が止まらず，だれも治癒できなかった女性」(『ルカによる福音書』8, 43),「十二年間も出血の止まらない女性がいた．その女性は多くの医者のせいでひどく苦しみ，財産を使い果たしたが得るものがなかった」(『マルコによる福音書』25〔5〕, 26).

196　*Discours ascétiques*, 63.

197　*Lettres*, 508.

198　上記引用文中.

199　同書.

200　*Cent chapitres*, 53.

201　上記引用文中.

202　S. BASILE, 上記引用文中を参照.

203　*Lettres*, 770.

204　*Discours sur la Providence*, VI. S. GRÉGOIRE PALAMAS, *Triades*, II, 1, 10 を参照.

205　上記引用文中.

206　同書.

207　同書.

208　«Les petits bollandistes», *Vie des saints*, IX 巻, Paris, 1873, 54 頁.

209　教会は典礼における奉献礼儀のなかで，無償で診察していた聖人医師（コスマスとダミアノス，キュロスとヨアンネス，パンテレエモーンとヘルモラオス，サムソンとディオメデス，フォティオスとアニケトス，タレラエオスとトリフォン）に言及し，塗油の祈りにさいしてその執りなしを求めるが，それにくわえて，ギリシャではイアトロフィロソフォイ *iatrophilosophoi*（哲学者の医者がその直訳）の名称でいまも知られる医者の範疇が正教会に存在し，その神学的な素養と信仰心とできわだっていることを指摘しておかなければならない（S.S. HARAKAS, «“Rational Medicine” in the Orthodox Tradition», 36 頁; *Caring and Curing, Health and Medicine in the Western Religious Tradition*, 163 頁における «The Eastern Orthodox Tradition». D.J. CONSTANTELOS, «Physician-Priests in the Medieval Greek Church», 149 頁を参照のこと）．もっとも名高かった一人がエウストラティオス・アルゲンティ（1687–1757）である（T. WARE, *Eustratios Argenti, a Study of the Greek Church under Turkish Rule*, Oxford, 1964, 45–47 頁を参照のこと）.

210　聖人医師が，彼らを扱った聖画像《イコン》のなかでその職業に特徴的な器具を手にし，しかも一方で彼らは逆遠近法によって描かれ，また他方で顔から発せられる，創造されずに初めから存在する神の光（神的な働きの）に包まれていることを書きとめておきたい．それは類型学的な理由や教理典範にかなうようにするためだけの理由によるものではない．図像はそれによってこれらの聖人が自分たちの医術を霊的に同化していることをあらわしているだけでなく，彼らが自分たちの実地のなかで，上位の実在がもつ啓示的な働きを

165 *Homélies* (第 II 段), XLVIII, 5-6.

166 S. GRÉGOIRE PALAMAS, 上記引用文中を参照.

167 S. BARSANUPHE, *Lettres*, 532 を参照.

168 *Lettres*, 508.

169 *Cent chapitres*, 53.

170 たとえば以下を参照. JEAN MOSCHUS, *Le Pré spiritual*, 42, 65, 184. PALLADE, *Histoire lausiaque*: XXIV, 2; XXXV, 11-12; XXXVIII, 9. THÉODORET DE CYR, *Histoire des moines de Syrie*, XIII, 3. S. JEAN CHRYSOSTOME, Lettres à Olympiade, IV, 1.

171 *Lettres*, 770.

172 *Lettres*, 327 を参照.

173 *Lettres*, 129, 327, 508, 770 を参照.

174 以下を参照. ORIGÈNE, *Homélies sur le psaume* 37, 1, PG12, 1369. S. MACAIRE, *Homélies* (第 II 段), XLVIII, 5-6. S. BASILE, *Grandes Règles*, 55.

175 *Grandes Règles*, 55. THÉODORET DE CYR, *Discours sur la Providence*, IV を参照.

176 同書.

177 同上, 同書. フォティケーの聖ディアドコスは, それらを人間が必要とするであろうと神が見越して創造したとすら述べている.「人間の経験がいつの日かこの医術にならなければならなかったので, その目的で薬は先立って存在していた」(*Cent chapitres*, 53.).

178 *Discours sur la Providence*, IV.

179 *Homélies sur le psaume* 37, 1, PG12, 1369. *Homélies sur les Nombres*, XVIII, 3. *Commentaires sur III Rois*, XV, 23 を参照.

180 *Homélies sur les Nombres*, XVIII, 3 を参照.

181 上記引用文中. THÉODORET, 上記引用文中を参照.

182 上記引用文中.

183 S. BASILE の上記引用文中を参照. 教父たちにとって *logikôs* がもつその深い意味は「ロゴス〔言〕に合致した」であることを想起したい.

184 *Lettres*, 508.

185 *À Autolycus*, I, 13.

186 *Lettres*, 770.

187 *Lettres*, 327.

188 S. BASILE, 上記引用文中を参照.

189 S. BARSANUPHE, *Lettres*, 508, 532 を参照.

190 *Lettres*, 508.

191 上記引用文中.

192 *Apophtegmes*, Am. 200, 5.

193 *Commentaires sur III Rois*, XV, 23.

194 *Lettres*, 327.

195 それらの限界には, 医術がいくつかの病気の治癒に無力であることを強調する聖人伝の記述がかなりあることがあげられる. これは無償で診ていた聖人の医者たちに関係たのは一般に207年とされている.

148　タティアノスを引用している *Discours aux Grecs*〔『ギリシャ人への講話』〕は, 激しい論戦調の著作であり, ギリシャ文化に属するあらゆる事柄をどこまでも, また見境なく糾弾している. タティアノスが教会と決別して, エンクラティス派を立ち上げたのと同時期のものでもある.

149　F. SCHEIDWEILER, «Arnobius und der Marcionitismus», *Zeitschrift für neutestamentliche Wissenschaft und die Kunde der älteren Kirche*, 45, 1954, 42-67 頁を参照. マルキオン自身は医術に敵対的であった. H. SCHADEWALDT, «Die Apologie der Heilkunst bei den Kirchenvätern», *Veröffentlichungen der internationalen Gesellschaft für Geschichte der Pharmazie*, 26, 1965, 127 頁を参照のこと.

150　D.W. AMUNDSEN, «Medicine and Faith in Early Christianity», *Bulletin of the History of Medicine*, 56, 1982, 343-350 頁を参照のこと.

151　温泉療法がヒポクラテス-ガレノスの医術が勧奨する主要な治療法のひとつであることを想起したい. この治療法についてたとえば下記が言及している. THÉODORET, *Discours sur la Providence*, II, 581B や S. GRÉGOIRE DE NAZIANZE, *Discours*, XXVIII, 61-64.

152　*Triades*, II, 1, 35.

153　*Lettres*, 32.

154　*Lettres*, 529.

155　*Lettres*, 532.

156　同書.

157　*Homélies*（第 II 段）, XLVIII, 4.

158　以下を参照のこと.

159　上記引用文中.

160　同書.

161　同書.

162　*Lettres*, 770.

163　*Contre Celse*, VIII, 60.

164　以下を参照. F. KUDLIEN, «Cynicism and Medicine», *Bulletin of the History of Medicine*, 43, 1974, 317-318頁. D.W. AMUNDSEN, «Medicine and Faith in Early Christianity», 348頁. T. S. MILLER, *The Birth of the Hospital in the Byzantine Empire*, 54 頁は, その〔マカリオスの〕主張もまた異端説であるメッサリア主義に属しているとみなす. マカリオスのメッサリア主義については VILLECOURT, DÖRRIES と DEPPE が支持する一方, B. KRIVOCHÉINE（*Dans la lumière du Christ*, Chevetogne, 1980, 31 頁）や P. DESEILLE（マカリオスの *Homélies spirituelles* への序文, Bellefontaine, 1984, 12-17 頁）といった今日の専門家の数多くが退けている. なかでもマカリオスの著作が, 反対にメッサリア派の逸脱に対抗する論争的な著作であることを明らかにした J. MEYENDORFF がそうである（«Messalianism or Anti- Messalianism ? A Fresh Look at the Macarian Problem», *Kyriakon, Festschrift Johannes Quasten*, Münster Westf., 1970, II 巻, 585-590 頁）.

130 PALLADE, *Dialogue sur la vie de Jean Chrysostome*, V, SC341, 122 頁.

131 同書.

132 THÉODORET DE CYR, *Lettres*, 114, 115.

133 P. CANIVET, テオドレトスへの序文, *Thérapeutique des maladies helléniques*, SC57, I 巻, Paris, 1958, 18-19 と 47 頁を参照.

134 *Vie de S. Théodose*, 16.

135 テュピコンは修道院の組織や活動を統べる「会則」をさす.

136 その設備や運営, 従事者, 療法と患者の社会的階層については «Le Typikon du Christ Sauveur Pantocrator», P. Gautier 版, *Revue des Études Byzantines*, 32, 1974, 1-145 頁および T.S. MILLER によるすぐれた概説である前掲書, 12-21 頁に詳述されている.

137 たとえば以下を参照 : *Vie de S. Dosithée*, I, 4. *Vie de S. Athanase l'Athonite*, 37.

138 以下を参照. *Apophtegmes*, 1493. CYRILLE DE SCYTHOPOLIS, *Vie de S. Sabas*, 131, 26. パラディウスはその *Histoire lausiaque*, VII, 4 のなかでニトリアの荒れ野の近くにある山上に医者たちが住んでいることを指摘している. その XIII 章 1 と 2 で, 同地でアポロニウスなる者があるしゅ薬剤師の役割をつとめており,「アレクサンドレイア [……] であらゆる種類の薬品や日用品を買い求め, 共同体の患う兄弟たちに配っていた」ことを紹介している. 六, 七世紀におけるビザンティウムの施療態勢や施療院については, H.J. MAGOULIAS の前掲 133-138 頁を参照のこと. ビザンティン時代の概況については, T. S. MILLER, *The Birth of the Hospital in the Byzantine Empire*, Baltimore, 1985; *Symposium on Byzantine Medicine, Dumbarton Oaks Papers*, 38, 1985, 53-63 頁における «Byzantine hospitals» を参照のこと.

139 以下を参照. D.J. CONSTANTELOS, «Physician-Priests in the Medieval Greek Church», 146-148 頁. T.S. MILLER, «Byzantine hospitals», 59 頁.

140 T.S. MILLER, *The Birth of the Hospital in the Byzantine Empire*, Baltimore, 1985, 33-34 頁.

141 *Caring and Curing, Health and Medicine in the Western Religious Tradition*, R.L. NUMBERS と D. W. AMUNDSEN 版, New York, 1986, 161-164 頁における S.S. HARAKAS, «The Eastern Orthodox Tradition» を参照のこと.

142 以下を参照のこと. F. DORBECK, «Origin of Medicine in Russia», *Medical Life*, 3, 1923, 223-233 頁. N. MANDELKER FRIEDEN, *Russian Physicians in an Era of Reform and Revolution, 1856-1905*, Princeton, 1981.

143 古代や中世に真実であったことは現代にもあてはまる. S.S. ハラカスの調査はそのことを明らかにしており, その成果は彼の論考に要約されている. «"Rational Medicine" in the Orthodox Tradition», 40-43 頁. 同じ著者の «The Eastern Orthodox Tradition», 165-167 頁も参照のこと.

144 *Scorpiace*, 1.

145 *Discours aux Grecs*, 20.

146 *Adversus gentes*, I, 48, PL5, 779B-781A; III, 23, 969A.

147 テルトゥリアヌスからの引用を抜粋した *Scorpiace*〔『蠍の毒の解毒剤』〕はおそらく西暦 213 年のものであるが, テルトゥリアヌスが教会と決別し, モンタヌス派に身を投じた医者のものに顕著である．以下の諸所を参照のこと．T. S. MILLER の前掲書，62-66頁；P. HORDERN の前掲書 1-13頁；*Symposium on Byzantine Medicine*, *Dumbarton Oaks Papers*, 38, Washington, 1985, 6 頁における V. NUTTON, «From Galen to Alexander, Aspects of Medicine and Medieval Practice in Late Antiquity»; H. J. MAGOULIAS, «The Lives of Saints as Sources of Data for the History of Byzantine Medicine in the Sixth and Seventh Centuries», *Byzantinische Zeitschrift*, 57, 1964, 129-132 頁；*Symposium on Byzantine Medicine, Dumbarton Oaks Papers*, 38, 1985, 43-5 頁ほか諸所における A. KAZHDAN, «The Image of the Medical Doctor in Byzantine Literature of the Tenth to Twelfth Centuries».　ここでは出血を患う女性の話について伝えるときの福音記者マルコの言い回し（『マルコによる福音書』5, 26）を紹介しておきたい．「多くの医者にかかって，ひどく苦しめられてきた十二年間も出血の止まらない女性」．

113　ORIGÈNE, *Contre Celse*, III, 12; VI, 96 を参照．

114　ORIGÈNE, 同書，III, 13; *Homélies sur les Nombres*, XVIII, 3 を参照．

115　*Lettres*, CCXXXIII, 1.

116　ORIGÈNE, *Contre Celse*, III, 13 を参照．

117　西暦 200 年頃，ローマのガレノス学派の学校に出入りしていたキリスト教徒の一団への批判（EUSÈBE, *Histoire ecclésiastique*, V, XXVIII, 14-15 を参照）は，この学派の医術的な見解にたいしてではなく，同時に教えられていた哲学的な学説に彼らが共鳴していたことによるものとみられる（HARNACK, 前掲書 40-41 頁を参照）．無償で診察する医者として著名な聖コスマスと聖ダミアヌス，そして聖パンテレエモーンはヒポクラテスやガレノス派の医術の養成を受けたと彼らの聖人伝は伝えている（以下を参照．«Vita SS Cosmae et Damiani», *Analecta Bollandiana*, 1, 1882, 589 頁．SYMÉON MÉTAPHRASTE, *Vie de S. Panteleimon*, PG115, 448-449）．

118　以下を参照のこと．T. S. MILLER, 前掲書，163-166 頁．M. E. KEENAN, «St. Gregory of Nazianzus and Early Byzantine Medicine», 26-30 頁；«St. Gregory of Nyssa and the Medical Profession», 154-157 頁．

119　*Triades*, II, 2, 30.

120　*Contre Celse*, III, 12.

121　*Cent chapitres*, 53.

122　*Lettres*, 424.

123　*Grandes Règles*, 55.

124　*Discours sur la Providence*, III.

125　«"Rational Medicine" in the Orthodox Tradition», 31 頁．

126　T.S. MILLER の前掲書，4 頁を参照のこと．

127　同書．医学史の研究者 H. SIGERIST も同じ見解をとる（«An Outline of the Developement of the Hospital», *Bulletin of the History of Medicine*, 4, 1936, 579 頁）．

128　S. GRÉGOIRE DE NAZIANZE, *Éloge de Basile*, LXIII, 1. *Lettres*, XCIV, Courtonne 版，I 巻，206 頁を参照．T. S. MILLER の前掲書，86-87 頁を参照のこと．

129　BIHLMEYER-TUCHLE, *Histoire de l'Église*, I 巻，Paris, 1969, 343 頁．

Medicine, 9, 1941, 8–30 頁. M.M. FOX, *The Life and Times of St. Basil the Great as Revealed in his Works*, «Catholic University Patristic Series», nº 57, Washington, 1939, 13–17 頁.

99 その著名な論文 : *De la nature de l'homme*, PG40, 504–818 を参照のこと.

100 *Lettres*, 71, 191, 228 を参照.

101 P. HORDERN, «Saints and Doctors in the Early Byzantine Empire, the Case of Theodore of Skykeon», *Studies in Church History*, 19, 1982, 1–13 頁を参照.

102 以下を参照. *Lettres*, 230, J. Valetta 版, Londres, 1864, 543–544 頁. W. TREADGOLG, *The Nature of the Bibliotheca of Photius*, Washington, 1980, 103 頁.

103 その論文 : *De la constitution de l'homme*, PG64, 1075–1310 を参照のこと.

104 HARNACK, 前掲書, 42 頁を参照.

105 P. LAIN ENTRALGO, 前掲書, 93 と 94 頁.

106 ビザンティンの著名な医師であるオレイバシオス (4 世紀), 霊の人ラコボス (5 世紀), カエリウス・アウレリアヌス (5 世紀), アエティオス・アミデノス (6 世紀), アレクサンドロス・トラリアノス (6-7 世紀), パウルス・エギネタ (7 世紀), テオフィロス・プロトスパタリオス (7 世紀), テオファネス・ノンノス (10 世紀), そしてミカエル・プセルロス (11 世紀) が, 当時支配的であったガレノス学説の伝統を汲む百科事典の著者, 資料編纂者として知られる. LAIGNEL-LAVASTINE, *Histoire générale de la médecine*, Paris, 1936, I 巻, 433–463 頁における F. BRUNET, «Les médecins grecs depuis la mort de Galien jusqu'à la fin de l'Empire d'Orient» を参照.

107 数多い文献のなかでも以下を参照. BASILE D'ANCYRE, *De la virginité*, IX; XII. S. GRÉGOIRE DE NYSSE, *Traité de la virginité*, XXII, 1–2; *La Création de l'homme*, I, XII, XIII, XXX; *Homélies sur le Notre-Père*, IV, 2. S. BASILE DE CÉSARÉE, *Homélies sur l'Hexaéméron*, V: 4, 5, 8. S. SYMÉON LE NOUVEAU THÉOLOGIEN, *Catéchèses*, XXV, 65–68. THÉODORET DE CYR, *Histoire des moines de Syrie*, XVII, 5 と 8; *Thérapeutique des maladies helléniques*, V, 82; *Discours sur la Providence*, III, IV, VI. この著者と主題については以下を参照できよう. P. CANIVET, *Histoire d'une entreprise apologétique au Vsiècle*, Paris, 1958, 117 頁と 307–308 頁 ; «Guérisons miraculeuses et exorcismes dans l'Histoire: Philothée de Théodoret de Cyr», 71–75 頁 ; *Le Monarchisme syrien selon Théodoret de Cyr*, Paris, 1977, 132 頁.

108 この原型としてのビザンティン医学の貢献は最近, 多方面から強調されている. さまざまな寄稿を編纂したものとして J. SCARBOROUGH, *Symposium on Byzantine Medicine*, *Dumbarton Oaks Papers*, 38, Washington, 1985 を参照のこと.

109 O. TEMKIN, «Byzantine Medicine, Tradition and Empiricism», *Dumbarton Oaks Papers*, 16, 1962, 111 頁.

110 S. S. HARAKAS, « "Rational Medicine" in the Orthodox Tradition», *The Greek Orthodox Theological Review*, 33, 1988, 24–30 頁を参照.

111 聖バシレイオスの「医術を施しているみなさん, あなたたちの役割は無私であることです」(*Lettres*, CLXXXIX, 1) を参照. T. S. MILLER, *The Birth of the Hospital in the Byzantine Empire*, Baltimore, 1985, 50–62 頁を参照のこと.

112 これらの批判は聖人伝にたびたび取り上げられている. とりわけ無償で診察してい

利の目印でもある十字架のしるしもまた用いられる．以下を参照．S. ATHANASE, *Vie d'Antoine*, XXXV; *Sur l'Incarnation du Verbe*, XLVII, 2. CALLINICOS, *Vie d'Hypatios*, XXII, 14.

75　*Apologétique*, XXIII, 15. ORIGÈNE, *Contre Celse*, I, 6 を参照.

76　*Dialogue*, 85.

77　S. ATHANASE, *Vie d'Antoine*, XL; XLI を参照.

78　S. JUSTIN, *Dialogue*, 30. TERTULLIEN, *Apologétique*, XXIII, 15-16. ORIGÈNE, *Contre Celse*, I, 6

79　*Apophtegmes*, alph., Pytirion, 1.

80　S. ATHANASE, *Vie d'Antoine*, XXXVIII. そのうえ聖人伝は，悪霊にたいしてもっとも強い力を発揮するのが「純一な人」であることを記している．たとえばPALLADE, *Histoire lausiaque*, XXII, «Paul le Simple», 9 節, XLIV, «Vie de S. Innocent» を参照のこと．

81　前掲書 106 頁.

82　*Conférences*, VII, 23.

83　*Vie de S. Théodore de Sykéôn* に多くの事案が報告されている．現代ロシアにおける祓魔式の実地についてはT. GORITCHÉVA, *Parler de Dieu est dangereux*, Paris, 1985, 137-139 頁にある証言を参照のこと.

84　『コロサイの信徒への手紙』4, 14.

85　*Histoire ecclésiastique*, V, 1, 49. HARNACK, 前掲書 40-41 頁を参照.

86　EUSÈBE の前掲書 , VIII, 13. HARNACK の前掲書 44-45 頁.

87　THÉODORET DE CYR, *Lettres*, 114.

88　HARNACK の前掲書, 45-46 頁を参照.

89　*Des hommes illustres*, 89.

90　*Theodôretos* は薬の一種をさす.

91　EUSÈBE, 前掲書, VII, 32; 23 を参照．HARNACK, 前掲書 45 頁を参照.

92　THÉODORE DE PAPHOS, *La Légende de S. Spyridon, évêque de Trimithonte*, Louvain, 1953, 15-16頁, 91-92頁.

93　SOZOMÈNE, *Histoire ecclésiastique*, VIII, 6, 3-9.

94　BARHEBRAEUS の *Chronique syriaque* による．R. DUVAL, *La Littérature syriaque*, Paris 1899, 273 頁を参照.

95　C. PAPADOPOULOS, *Historia tès Ekklèsias Alexandrias*, Alexandrie, 1935, 511-512 頁を参照.

96　以下を参照．HARNACK, 前掲書, I 章, «Christliche Ärzte», 37-50頁. D.J. CONSTANTELOS, «Physician-Priests in the Medieval Greek Church», *The Greek Orthodox Theological Review*, 12, 1966-1967, 141-153頁.

97　M. E. KEENAN, «St. Gregory of Nyssa and the Medical Profession», *Bulletin of the History of Medicine*, 15, 1944, 150-161 頁を参照のこと.

98　S. GRÉGOIRE DE NAZIANZE, *Éloge de Basile*, XXIII, 6 を参照．以下を参照のこと．M.E. KEENAN, «St. Gregory of Nazianzus and Early Byzantine Medicine», *Bulletin of the History of*

CALLINICOSの前掲書: IV, 8; XXII, 9 と 14. S. GRÉGOIRE DE NYSSE, *Vie de sainte Macrine*, 31. THÉODORETの前掲書: IX, 7; XXII, 4 と 5. S. JEAN MOSCHUS, *Le Pré spirituel*, 56. Miracles de saints Cosme et Damien, 28, Deubner 版, 171-172 頁. *Vie de S. Théodore de Sykéôn*, 31, 65, 67, 68, 72, 83, 85, 95, 110, 113.

58 TERTULLIEN, *Apologétique*, XXXVII, 9 を参照.

59 同書, XXII, 4. TATIEN, *Discours aux Grecs*, 18 を参照.

60 O. BÖCHER, *Christus Exorcista, Dämonismus und Taufe im Neuen Testament*, Stuttgart, 1972 を参照.

61 以下を参照.『マタイによる福音書』4, 24; 8, 16; 10, 1 と 8.『マルコによる福音書』1, 32 と 34; 3, 2 と 10-11; 6, 13; 16, 17-18.『ルカによる福音書』4, 40; 6, 18; 7, 21; 8, 2; 9, 1; 13, 32. 教父も当然同様の区別をしている. テオドレトスについては以下を参照することができる. A. ADNÈS と P. CANIVET, «Guérisons miraculeuses et exorcismes dans l'Histoire: Philothée de Théodoret de Cyr», *Revue de l'histoire des religions*, 171, 1967, 166-174 頁.

62 参照は諸所に数多い.

63 以下を参照.『マタイによる福音書』9, 27-30; 15, 30-31; 20, 29-34 [=『マルコによる福音書』10, 49-53 =『ルカによる福音書』18, 35-43].『マルコによる福音書』7, 32-35; 8, 22-25 [=『ヨハネによる福音書』9, 1-7]; 10, 46-53.

64 『マタイによる福音書』9, 32-33 [=『ルカによる福音書』11, 14]; 12, 22; 9, 17-27 を参照. 同様の区別を, たとえば下記にも見出せる. Vie de S. Théodore de Sykéôn: 94 (悪霊による聴覚障害); 61, 65, 67, 95, 110 (悪霊によらない聴覚障害).

65 『ルカによる福音書』13, 10-16 を参照.

66 『マタイによる福音書』4, 24; 9, 2-7 =『マルコによる福音書』2, 3-12 =『ルカによる福音書』5, 18, 25 を参照. 同様の区別は, たとえば CALLINICOS, *Vie d'Hypatios* にあり, IX, 4-6 がその第一の事例, XXXVI, 6 が第二の事例にあたる.

67 以下を参照.『マタイによる福音書』17, 14-18 =『マルコによる福音書』9, 17-22 =『ルカによる福音書』9, 38-42. また *Vie de S. Théodore de Sykéôn* の 108 と 156 は第一の事例に, そして 68, 83, 85, 102, 107, 110, 154, 156, 159 は第二の事例.

68 『マタイによる福音書』4, 24 を参照.

69 S. CYPRIEN DE CARTHAGE, *À Donat*, V を参照.

70 以下を参照. ORIGÈNE, *Contre Celse*, I, 46. S. THÉOPHILE D'ANTIOCHE, *À Autolycus*, II, 8. S. CYPRIEN DE CARTHAGE, *À Démétrianus*, 15; *Quod idola dii non sint*, 7. LACTANCE, *Divinae institutiones*, IV, 27.

71 *Contre Celse*, I, 46.

72 *2 Apologie*, 6.

73 旧約聖書で伝統的に使われているこの呼称は, 聖ユスティノスの *Dialogue*, 30 のなかで悪霊にたいする勝利と関連づけられている.

74 以下を参照.『ルカによる福音書』9, 49-50; 10, 17.『マルコによる福音書』9, 38. S. IRÉNÉE, *Contre les hérésies*, II, 6, 2. ORIGÈNE, *Contre Celse*, I, 6; III, 24. THÉODORET, *Histoire des moines de Syrie*, XXII. キリストの証印であるとともに, 死にたいするその勝

くの人びとに知られることでもなくなり，しるしとして役立たなくなったということなのである．

47 *Conférences*, XV, 1.

48 典礼についての詳細な記述やその全文は MERCENIER, *La prière des Églises de rite byzantine*, I 巻, 2 版, Chevetogne, 1937, 417-446 頁にある．七人の司祭が集まることができない場合は，三人もしくは二人，あるいは一人であっても祭儀を執り行うことができる．またやむをえない事情がある場合を考慮した，簡略版の典礼も存在する（同書，246-247 頁を参照）．

49 〔朗読箇所〕最初の塗油に先立って『ヤコブの手紙』5, 10-16 と『ルカによる福音書』10, 25-37; 二回目の塗油に先立ち『ローマの信徒への手紙』15, 1-7 および『ルカによる福音書』19, 1-10, 三回目の前に『コリントの信徒への手紙 1』12, 27-13, 8 と『マタイによる福音書』10, 1 と 5, 8. 四回目に先立ち『コリントの信徒への手紙二』6, 16-7, 1 および『マタイによる福音書』8, 14-23, 五回目に先立って『コリントの信徒への手紙二』1, 8-11 と『マタイによる福音書』25, 1-13. 六回目の前に『ガラテヤの信徒への手紙』5, 22-6, 2 と『マタイによる福音書』15, 21-28. 七回目に先立ち『テサロニケの信徒への手紙一』5, 14-23 と『マタイによる福音書』9, 9-13.

50 これらの理由により，身体的に「上々の健康」であれば，自分たちの霊的な病気の治癒をもっぱら願う者はみな，秘跡に授かることができる．こうしてロシア教会は聖週間の期間中にすべての信徒に秘跡を授けており，またギリシャ教会では，体を患っている場合を除いて，家族で典礼をよく執り行う．また東方教会の古い典礼書の多くは，祭儀に参加するすべての者に塗油を行うよう求めている．

51 たとえば以下を参照．CALLINICOS, *Vie d'Hypatios*, IV, 7; IX, 6; XII, 10; XV, 2. PALLADE, *Histoire lausiaque*, XII, 1; XVIII, 11 と 22. *Histoire des moines d'Égypte*, I, 12 と 16; IX, 11; XXI, 17. *Vie de S. Théodore de Sykéôn*, 68, 85, 107, 112, 145, 154, 156.

52 なかんずく以下を参照のこと．S. JEAN CASSIEN, *Conférences*, XV, 4. THÉODORET DE CYR, *Histoire des moines de Syrie*, XXVI, 14. S. BARSANUPHE, *Lettres*, 643. *Vie de S. Théodore de Sykéôn*, 31; 83; 97; 106; 111; 145.

53 典礼文の全文は MERCENIER の前掲書の巻 II/1, 273-285 頁にある．

54 以下を参照．『マタイによる福音書』9, 18; 19, 13-15.『マルコによる福音書』5, 23; 6, 5; 7, 32; 8, 23-25 ; 10, 16.『ルカによる福音書』4, 40; 13, 13.

55 たとえば『使徒言行録』28, 8 を参照．

56 そのように行われた治癒の事例を以下に見出すことができる．『使徒言行録』9, 17; 28, 8. CALLINICOS, *Vie d'Hypatios*, XXV, 1. THÉODORET の前掲書，IX, 7. PALLADE, *Histoire lausiaque*, XII, 1; XVIII, 21. *Vie de S. Théodore de Sykéôn*, 69, 154. S. IRÉNÉE, *Contre les hérésies*, II, 32, 4 を参照．またこの主題については HARNACK の前掲書 66 頁を参照のこと．

57 十字架を切ることによる数多くの治癒の例が F. J. DÖLGER, «Beiträge zur Geschichte des Kreuzzeichens», VII, 16: «Das Kreuzzeichen in der Volksmedizin», *Jahrbuch für Antike und Christentum*, 7, 1964, 5-16 頁にあげられている．とりわけ以下を参照のこと．

22 S. IGNACE D'ANTIOCHE, *Aux Éphésiens*, VII, 2. CLÉMENT D'ALEXANDRIE, *Pédagogue*, I, 6, 1. S. JEAN CHRYSOSTOME, *Homélies sur les démons*, I, 5.

23 S. JEAN CHRYSOSTOME, *Traité de la componction*, II, 9 を参照.

24 *Vie d'Antoine*, XIV.

25 *Histoire des moines de Syrie*, 序文, 10. II, 6, シリア語訳にくわえられているものとして「主なるイエス・キリストが至福の人の手をとおして行った, 至福の人にとってのもうひとつの驚くべきこと［……］」を参照.

26 *Vie d'Antoine*, LVI. THÉODORET の前掲書, XXVI, 6 を参照.

27 同書, LVIII. 以下を参照. CALLINICOS, *Vie d'Hypatios*, IX, 8. THÉODORET, 前掲書, IX, 7.

28 たとえば S. JEAN CHRYSOSTOME, *Homélies contre les Anoméens*, V, 6 を参照.

29 以下を同様に参照のこと.『マタイによる福音書』5, 36; 8, 10; 15, 28.『ルカによる福音書』7, 9; 8, 50; 18, 42.『ヨハネによる福音書』9, 35.

30 *Catéchèses baptismales*, V, 8.

31 以下を参照. S. MARC L'ERMITE, *Controverse avec un avocat*, 20. S. ISAAC LE SYRIEN, *Discours ascétiques*, 81.

32 S. JEAN CHRYSOSTOME, *Homélies contre les Anoméens*, V, 6 を参照.

33 *Histoire des moines de Syrie*, 序文, 10.

34 パラクリティークの典文 大カノンおよび小カノン.

35 聖油のための祈り.

36 たとえば PALLADE, *Histoire lausiaque*, XXXVII, 12. *Vie de S. Athanase l'Athonite*, 55. *Collections grecques de miracles*, 版および訳 A. J. Festugière, Paris, 1971, 諸所を参照.

37 旧約聖書の『列王記 下』13, 20-21 にすでにこのやり方によった治癒の一例をみることができる. 以下を参照. CALLINICOS, *Vie d'Hypatios*, IX, 9; XII, 2. PALLADE, *Histoire lausiaque*, XII, 1; XVII, 2; XXXIX, 4; XLII. THÉODORET DE CYR, *Histoire des moines de Syrie*, I, 3 を参照. 同じく H. WEINEL, *Die Wirkungen des Geistes und der Geister im nachapostolischen Zeitalter bis auf Irenäus*, Fribour-en-Brisgau 1899, II 巻, 109-127 頁, «Heilungen und Wunder» を参照のこと.

38 *Homélies sur l'inscription des actes*, II, 3.

39 同書.

40 *Homélies surla Pentecôte*, I, 4. NICOLAS CABASILAS, *La Vie en Christ*, III, 9. を参照.

41 *Homélies sur l'inscription des actes*, II, 3.

42 *Homélies sur la Pentecôte*, I, 4.

43 同上, 同書.

44 同上, 同書. *Homélies sur Colossiens*, IX, 5. を参照.

45 同上, *Homélies sur 1 Corinthiens*, VI, 3.

46 同上を参照. *Homélies sur la Pentecôte*, I, 4; *Homélies sur l'inscription des actes*, IV, 7-8. ORIGÈNE, *Contre Celse*, II, 48. このことはそのときから治癒した人の数が減りはじめたということではなく, むしろそれらの人びとの多くが耳目を引くことがなくなり, また多

12　H. LECLERCQ, «Médecins», *Dictionnaire d'archéologie et de liturgie*, XI, 1, Paris, 1933, 158 段を参照.

13　たとえば S. JUSTIN, 1 *Apologie*, 22 を参照.

14　CLÉMENT D'ALEXANDRIE, *Protreptique*, 29, 1; 52, 4.

15　TERTULLIEN, Apologétique, 23, 6–7. ORIGÈNE, *Contre Celse*, III, 24.

16　P. LAIN ENTRALGO, *Maladie et culpabilité*, Paris, 1970, 75 頁を参照.

17　A. HARNACK, «Medicinisches aus der ältesten Kirchengeschichte», *Texte und Untersuchungen*, VIII, 4, Leipzig, 1892, 128 頁.

18　ORIGÈNE, *Contre Celse*, I, 68 を参照.

19　数あるなかでも以下を参照のこと. CLÉMENT D'ALEXANDRIE, *Pédagogue*, I, 6, 2–3. S. ATHANASE D'ALEXANDRIE, *Sur l'Incarnation du Verbe*, XVIII. S. CYRILLE DE JÉRUSALEM, *Catéchèses baptismales*, X, 13. S. DIADOQUE DE PHOTICÉ. *Cent chapitres*, 53. S. BARSANUPHE, *Lettres*, 532, 770. S. JEAN DE GAZA, *Lettres*, 212. *Vie de S. Théodore de Sykéôn*, 146.

20　この主題については教父学関係の出典を多数紹介した筆者の *Thérapeutique des maladies spirituelles*, Paris, 1991, I 巻, 3 部, I 章, 319–344 頁, «Le Christ médecin» を参照のこと.

21　数あるなかでも以下を参照のこと. S. IGNACE D'ANTIOCHE, *Aux Éphésiens*, VII, 1–2. CLÉMENT D'ALEXANDRIE, *Pédagogue*, I, 6, 2:「われわれのよき教育者である主は, 知恵であるとともに父なる神のロゴスであって, 人間を創造し, 被造物全体に心を配ります. 主は身体と同時に魂の手当てをし, 人類の医者であって, すべてを治癒できるのです」. *Apophtegmes*, Am. 180, 12（師父マカリオス）:「主は魂と身体を治す偉大な医者です」. ORIGÈNE, *Homélies sur le Lévitique*, VII, 1. S. CYRILLE DE JÉRUSALEM, Catéchèses baptismales, X, 13:「ギリシャ語ではイエスは医者にほかなりません. なぜなら彼は人びとの魂と身体の医者であるからです」. S. JEAN CHRYSOSTOME, *Homélies sur les démons*, I, 5:「神は真の医者, 身体と魂の唯一の医者です」; *Homélies sur la Genèse*, XXVII, 1; *Homélies sur Matthieu*, XXIX, 2. THÉODORET DE CYR, *Histoire des moines de Syrie*, XIV, 3. S. BARSANUPHE, *Lettres*, 107:「主があなたのところにいてくださるように. 主は魂と身体の偉大な医者なのですから」; 199:「イエスは魂と身体の医者です」. S. SYMÉON LE NOUVEAU THÉOLOGIEN, *Traités éthiques*, VII, 267–268:「魂と身体の医者である方にわれわれは訴えます」等.「医者であるキリスト」については以下を参照することができる. A. HARNACK, 前掲書. K. KNUR, *Christus medicus ?*, Fribour-en-Brisgau, 1905. J. OTT, «Die Bezeichnung Christi als iatros in der urchristlichen Literatur», *Der Katholik*, 90, 1910, 454–458 頁. H. SCHIPPERGES, «Zur Tradition des "Christus Medicus" im frühen Christentum und in der älteren Heilkunde», *Arzt Christ*, 11, 1965, 12–20 頁. G. DUMEIGE, «Le Christ médecin dans la littérature chrétienne des premiers siècles», *Rivista di archeologia cristiana*, 48, 1972, 115–141 頁; «(Christ) Médecin», *Dictionnaire de spiritualité*, X 巻, 891–901 段. J.-C. LARCHET, *Thérapeutique des maladies spirituelles*, Paris, 1991, I 巻, 3 部, I 章, 319–344 頁, «Le Christ médecin».

Homélie sur la Grande Semaine, 5-6. *Homélies sur Matthieu*: XXIII, 4; LII, 3. *Homélies sur Éphésiens*, XXIV, 3.

101　同書.

102　*Homélies sur Matthieu*, LII, 3.

103　*Vie de S. Dosithée*, 10.

104　たとえば以下を参照のこと. S. BARSANUPHE, *Lettres*, 2, 72, 74-78, 189, 510, 512, 515, 570 の 3. S. JEAN DE GAZA, *Lettres*, 76, 80, 123, 384. S. ISAAC LE SYRIEN, *Discours ascétiques*, 5.

105　以下を参照. ORIGÈNE, *Traité de la prière*, 14, 33. S. JEAN CASSIEN, *Conférences*, IX: 14, 15.

106　*Lettres*, 514.

107　*Histoire lausiaque*, XXIV, 2.

108　*Vie de S. Dosithée*, 10.

109　S. BARSANUPHE, *Lettres*, 2, 72, 74, 189, 512, 613, 770 の 3. S. JEAN DE GAZA, *Lettres*, 76, 80.

110　*Lettres*, 123.

111　*Apophtegmes*, alph., Synclétique, 10.

112　*Conférences*, VI, 3.

113　*Lettres à Olympiade*, IV, 3. また *Discours contre ceux qui se scandalisent* もまた参照のこと.

114　*Chapitres métaphrasés par Syméon*, 131.

115　*Cent chapitres*, 54.

116　*Apophtegmes*, alph., Poemen, 29.

117　*Discours*, XXIV, 34.

第三章　キリスト教的な治癒の方途

1　それゆえ聖タラシオスは「自分の身体を掟の奉仕者のように扱って, いかなる病気からもできるかぎり守るようにしなさい」と勧めている (*Centuries*, II, 81).

2　*Centuries*, I, 87.

3　典文第三頌歌.

4　賛課の詞.

5　祝文.

6　第三塗油のための祈り.

7　第四塗油のための祈り.

8　各塗油にさいして唱えられる祈り.

9　*Discours ascétiques*, 3.

10　第 I 章を参照.

11　*Discours sur la Providence*, III.

69 *Sur la mort*, 13-14.
70 S. GRÉGOIRE DE NAZIANZE, *Lettres*, XXXII, 1 を参照.
71 *Lettres à Olympiade*, IV, 2. *Homélies sur le paralytique*, 1 を参照.
72 *Homélies sur le paralytique*, 1.
73 以下を参照. S. JEAN CHRYSOSTOME, *Lettres à Olympiade*, IV, 3. S. BARSANUPHE, *Lettres*, 189.
74 以下を参照. S. JEAN CHRYSOSTOME, *Homélies sur Anne*, I, 2. S. JEAN CLIMAQUE, *L'Échelle*, XXVI, 37. S. SYMÉON LE NOUVEAU THÉOLOGIEN, *Catéchèses*, XXV, 158-159.
75 *Cent chapitres*, 95. S. NICÉTAS STÉTHATOS, Centuries, I, 87 を参照.
76 *Centuries*, I, 87.
77 S. JEAN CHRYSOSTOME, *Homélies sur la pénitence*, VII, 6.
78 S. GRÉGOIRE PALAMAS, *Triades*, II, 2, 6 を参照.
79 同上.
80 以下を参照. S. BARSANUPHE, *Lettres*, 74, 78. S. ISAAC LE SYRIEN, *Discours ascétiques*, 8; 29. S. MACAIRE, *Chapitres métaphrasés par Syméon*, 136.
81 以下を参照. S. GRÉGOIRE DE NAZIANZE, *Discours*, XIV, 34. S. BARSANUPHE, *Lettres*, 74.
82 *Lettres*, 347.
83 *Lettres*, 512. 74 を参照.
84 *Lettres*, 74.
85 *Lettres*, 74. S. JEAN DE GAZA, *Lettres*, 79 を参照.
86 *Lettres*, 513. S. JEAN DE GAZA, *Lettres*, 76, 79, 80 を参照.
87 *Lettres*, 74.
88 *Discours ascétiques*, 25.
89 S. JEAN DE GAZA, *Lettres*, 76.
90 *Lettres*, 75.
91 同書.
92 *Lettres*, 76.
93 *Lettres*, 74.
94 *Lettres*, 189.
95 *Lettres*, 2. 613 を参照.
96 *Lettres*, 189.
97 *Discours ascétiques*, 21.
98 同書.
99 *Lettres*, 570 の 3.
100 以下を参照. *Homélies sur la pénitence*, III. 4. *Homélie contre ceux qui abusent de cette parole de l'Apôtre*: «Par occasion ou par vérité Christ est annoncé», 11-12. *Homélie sur le devoir de ne point révéler les péchés des autres*, 9-10. *Homélies sur la Genèse*: XXX, 5-6; XLIX, 1.

41 *Homélies sur le paralytique*, 2.

42 *Conférences*, VI, 3.

43 たとえば以下を参照. S. JEAN CHRYSOSTOME, *Homélies sur le paralytique*, 2. S. BARSANUPHE, *Lettres*, 90. S. JEAN DE GAZA, *Lettres*, 79.

44 以下を参照. S. JEAN CHRYSOSTOME, 同書. S. BARSANUPHE, *Lettres*, 190, 223, 525.

45 S. MAXIME, *Centuries sur la charité*, II, 44 を参照.

46 *Homélies sur Jean*, XXXVIII, 1. S. MAXIME, *Centuries sur la charité*, II, 44 と 46 を参照.

47 *Homélies sur les démons*, I, 5. 以下を参照. *Commentaire sur le Psaume*, IV, 3. 聖ニケタス・ステタトスは同様に病気が「魂の働きをいっそう活発化させ, 強める」(*Centuries*, I, 87) と指摘する.

48 *Discours ascétiques*, 21.

49 *Discours ascétiques*, 25.

50 以下に引用した箇所以外に下記を参照のこと. S. MAXIME, *Centuries sur la charité*, I, 76. S. GRÉGOIRE DE NAZIANZE, *Lettres*, XXXI, 3. S. ÉLIE L'ECDICOS, *Anthologie*, 8.

51 *Homélies sur la parabole du débiteur des dix mille talents*, 5.

52 *Homélies sur le paralytique*, 2.

53 *Lettres*, 72.

54 *Apophtegmes*, alph., Synclétique, 10.

55 *Discours ascétiques*, 27.

56 *L'Échelle*, XXVI, 37.

57 *Homélies sur la pénitence*, VII, 6.

58 *Questions à Thalassios*, 61, PG90, 625D–641B.

59 *Chapitres métaphrasés par Syméon*, 128, Philocalie grecque, III 巻, 224 頁.

60 *Discours ascétiques*, 5.

61 たとえば以下を参照. *Apophtegmes*, alph., Synclétique, 10. S. MAXIME, *Questions à Thalassios*, 47, PG90, 428A. S. SÉRAPHIM DE SAROV, *Instructions spirituelles*, 上記引用文中.

62 以下を参照. *Apophtegmes*, alph., Synclétique, 10. S. JEAN CHRYSOSTOME, *Homélies sur Anne*, I, 2. S. BARSANUPHE, *Lettres*, 348. S. JEAN CARPATHIOS, *Centuries*, 68.

63 上記引用文中.

64 上記引用文中. 以下を参照のこと. S. BARSANUPHE, *Lettres*, 23; 77; 79. S. JEAN CARPATHIOS, *Centuries*, 68. S. JEAN DAMASCÈNE, *Discours utile à l'âme*, Philocalie grecque, II 巻, 232 頁. S. SÉRAPHIM DE SAROV, Instructions spirituelles, 上記引用文中. この信条によってガザの聖ドロテオスは病気になった弟子のドシテオスにたいして定められた断食の諸制限を緩めた (*Vie de S. Dosithée*, 11 を参照).

65 S. ISAAC LE SYRIEN, Discours ascétiques, 24 と 34 を参照.

66 同上, 同書, 25.

67 *Homélies sur Lazare*, VI, 8.

68 *Discours ascétiques*, 4.

13　*Conférences*, VI, 6.
14　上記引用文中.
15　たとえば S. BARSANUPHE, *Lettres*, 189, 513, 570 の 3 を参照.
16　*Discours*, II, 22.
17　以下を参照. S. BARSANUPHE, *Lettres*, 90, 220, 570 の 3. S. JEAN DE GAZA, *Lettres*, 148, 384.
18　S. JEAN CHRYSOSTOME, *Homélies sur les statues*, V, 4.
19　同上の *Homélies sur Anne*, I, 2.
20　同上の *Homélies sur les statues*, V, 4.
21　*Centuries sur la charité*, II, 42.
22　*Lettres*, XXXI, 2 - 3.
23　I 章, 24–31 頁を参照.
24　S. JEAN CHRYSOSTOME, *Homélies sur 2 Timothée*, X. を参照.
25　*L'Échelle*, XXVI, 37. 以下を参照. S. ISAAC LE SYRIEN, *Discours ascétiques*, 21. S. NICÉTAS STÉTHATOS, *Centuries*, I, 87.
26　*Homélies sur Anne*, I, 2.
27　同書.
28　I. GORAÏNOV, *Séraphim de Sarov*, Paris, 1979, 208 頁の *Instructions spirituelles*.
29　同上, 同書を参照.
30　Centuries, I, 87
31　ドストエフスキーは苦痛が意識を覚醒させ, 増幅させる力をもつことを繰り返し強調した. その『作家の日記』では「意識ある者は, それゆえ苦しむ者である」(Paris, Gallimard, 1951, 371 頁) とまで結論づけている.
32　*Crime et châtiment*, Paris, Gallimard, «Bibliothèque de la Pléiade» 叢書, 1950, 342 頁.
33　*Homélies sur Anne*, I, 2.
34　たとえば以下を参照. S. BARSANUPHE, *Lettres*, 515. S. JEAN DE GAZA, *Lettres*, 643.
35　たとえば以下を参照. S. BARSANUPHE, *Lettres*, 78, 513, 515, 516, 521, 613. S. JEAN DE GAZA, *Lettres*, 148.
36　ギリシャ教父が通常用いる言葉は *paideia* で, その明確な意味は「教育」である. 動詞 paideuein から派生したもので,「教える」「育てる」「訓練する」「養成する」にくわえて,「立て直す」ことを意味する. *paideia* は *paidagôgia* と似た意味をもたざるをえないが, 後者の語意は脚註 38 で検討する.
37　たとえば S. BARSANUPHE, *Lettres*, 521 を参照.
38　教育法という言葉はギリシャ語の *paidagôgia* に由来し, 教育を意味するほかに病人の看護を意味することを指摘しておく. アレクサンドレイアの聖クレメンスがキリストを *o paidagôgos* と呼んでいることを想起したい. それは訓練する者, 教導する者のほかに病人を世話する者をも意味する.
39　*Discours ascétiques*, 8.
40　同書, 5.

175　S. GRÉGOIRE DE NAZIANZE, *Discours*, XXXII, 27 を参照.

176　S. GRÉGOIRE DE NAZIANZE の同書を参照. さまざまな情念の病理学的な性格や症候は, 筆者の次の著書のなかで詳細に分析した：T *hérapeutique des maladies spirituelles*, I 巻, 151–306 頁.

177　神の平和と神の国の善き事柄への希望に生きる魂は, たとえばどのような不安や苦しみからも, したがってそれらが身体に招く病理学的な症候からも解放されている. またヘシュカスム〔*hésychaste*〕の祈りが心拍や呼吸の反復にもつ調節機能や, それがあらゆる器官に与えるよい効果も知られている. 聖マクシモスは一般論として「きちんと処方された生き方は健康をもたらす」（*Dispute à Bizya*, II）と書きとめている.

178　こうした事柄は聖人伝にしばしば記されている. たとえば CALLINICOS, *Vie d'Hypatios*, 26, 4 を参照のこと. エウアグリオスはおりしも「砂漠にいるわれわれには, めったに病人がいない」（*Des diverses mauvaises pensées*, XI）と書きとめている.

179　*L'Échelle*, XXX, 17.

180　同書 XXX, 19.

181　S. SYMÉON LE NOUVEAU THÉOLOGIEN, *Catéchèses*, XXV, 124–126 を参照.

182　その結果, 健康という概念がもつ意味や範囲を明確にするための哲学的, 医学的な議論がえんえんと行われている.

183　そのことから医学は, 病気の定義の範囲をますます広げ, 精緻化させる可能性をもつに至る. そして今日の社会において個人を対象とする医療の拡充がさらに進み, これまで病気とされてこなかったもののなかから, なんとかして新たな病気を探し出そうするようになっている.

第二章　病気の霊的な意味

1　*Conférences*, VI, 3. S. JEAN CHRYSOSTOME, *Homélies sur les statues*, V, 2. S. BASILE, *Homélie: Dieu n'est pas la cause des maux*, 5 を参照.

2　S. MAXIME LE CONFESSEUR, *Centuries sur la charité*, II, 77 を参照.

3　同上, 同書.

4　同上, 同書.

5　*Lettres*, CCXXXVI, 7.

6　*Discours*, XIV, 34.

7　*Homélies sur Lazare*, VI, 5.

8　S. JEAN CHRYSOSTOME, *Homélies sur les démons*, I, 5. S. JEAN DAMASCÈNE, *La Foi orthodoxe*, IV, 19. S. BASILE, *Homélie: Dieu n'est pas la cause des maux*, 5.

9　以下を参照. S. BARSANUPHE, *Lettres*, 78. S. JEAN CHRYSOSTOME, *Homélies sur Anne*, I, 2.

10　S. PIERRE DAMASCÈNE, *Livre*, I.

11　S. JEAN CHRYSOSTOME, *Homélies sur la pénitence*, VII, 6.

12　*Homélies sur les demons*, I, 5

156　S. BARSANUPHE, *Lettres*, 599 を参照.

157　*Vie de S. Théodore de Sykéôn*, 105 を参照.

158　*Homélies sur les statues*, I, 6-8. S. GRÉGOIRE DE NAZIANZE, *Discours*, XVIII, 28 を参照.

159　*Traité de l'oraison*, 63 と 68. P. I. HAUSHERR によるその *Traité* (Paris, 1960), 90-91 および 99-100 頁の解説を参照. ここには多数の典拠が補足的に示されている.

160　同書 63.

161　同書 68.

162　*Homélies sur les statues*, II, 4. 以下を参照. S. MAXIME, *Centuries sur la charité*, II, 92. S. SYMÉON LE NOUVEAU THÉOLOGIEN, 上記引用文中 184-190.

163　*Apophtegmes*, alph., Synclétique, 8.

164　聖バシレイオスの「罪を取り払いなさい. 病気は消えさります」(引用箇所不明) を引用するサロフの聖セラフィム (I. GORAÏNOFF, *Séraphim de Sarov*, Paris, 1979, 208 頁における *Instructions spirituelles*) を参照.

165　*Dispute à Bizya*, II.

166　*Lettres*, 521.

167　*Explication de la divine liturgie*, XLIII, 2.

168　*Discours*, XXXII, 27. 聖グレゴリオスは数多くの事例を紹介している.

169　上記引用文中.

170　I. HAUSHERR, *Philautie*, Rome, 1952 を参照のこと.

171　たとえば以下を参照のこと.『シラ書』37, 29-31. S. JEAN CHRYSOSTOME, *Homélies sur Jean*, XXXVIII, 1; *Traité de la virginité*, 69. S. BASILE, *Grandes Règles*, 19. S. MAXIME, *Centuries sur la charité*, II, 74. S. NICÉTAS STÉTHATOS, *Centuries*, I, 88. S. SYMÉON LE NOUVEAU THÉOLOGIEN, *Catéchèses*, XX, 132-133.「食道楽」〔*gourmandise*〕という言葉でなく, ギリシャ語の *gastrimargia* に移し換える.「食道楽」の今日的な概念は, 修徳的な伝統がこの情念についてもつ理解を, 内容や多様な含意という点で, ごく部分的, 表面的にしか言いあらわさない.

172　たとえば S. JEAN CHRYSOSTOME, *Homélies sur Philippiens*, XIV, 2. S. MAXIME, *Commentaire du Notre-Père*, PG90, 889B を参照のこと. 修徳主義の伝統において性的な情念全体をさすギリシャ語の porneia をあらわすため, やむなく「淫欲」という言葉を使用した.

173　たとえば S. JEAN CHRYSOSTOME, *Homélies sur Jean*, XXXVIII, 1 を参照のこと. 今日よく使われる用法にそって, ギリシャ語の *akèdia* を「怠惰」もしくは「無為」よりもむしろこのように置き換える.「怠惰」もしくは「無為」は嫌悪や退屈, 倦怠, 無気力, 衰弱, 不満足, けだるさなどがつくりあげるこの情念の現実を十分に言いあらわさない.

174　たとえば以下を参照のこと. ÉVAGRE, *Traité pratique*, 11. S. JEAN CHRYSOSTOME, *Homélies sur les Actes*, VI, 3; *Homélies sur Jean*, XXVI, 3. S. GRÉGOIRE DE NAZIANZE: *Poèmes moraux*, I, II, XXV, PG37, 816A と XXXIV, 948A; *Discours*, XXXII, 27. S. JEAN CLIMAQUE, *L'Échelle*, VIII, 5. S. MAXIME, 上記引用文中. S. JEAN DAMASCÈNE, *La Foi orthodoxe*, II, 16.

な「極」を区別していることにかんしてはウラジーミル・ロースキイの «Rédemption et déification», V 章, *À l'image et à la resemblance de Dieu*, Paris, 1967, 95–108 頁を参照のこと. 教父がしばしば治癒として捉えているキリストによる人間本性の再生の様態については筆者の研究書 *Thérapeutique des maladies spirituelles*, Paris, 1991, I 巻第 3 部, 第 I 章, 319–344 頁 : «Le Christ médecin» を参照のこと.

133 *Commentaire sur Romains*, 789B.

134 *Ambigua*, PG91, 1308D–1313B.

135 S. CYRILLE DE JÉRUSALEM, *Catéchèses baptismales*, VII, 13 を参照.

136 Discours catéchétique, XXX–XXXI.

137 筆者の掲載記事 «Le baptême selon saint Maxime le Confesseur», *Revue des sciences religieuses*, 65, 1991, 51–70 頁を参照のこと.

138 以下を参照. S. JEAN DAMASCÈNE, *La Foi orthodoxe*, IV, 19. S. IRÉNÉE, *Contre les hérésies*, IV, 37.

139 *Homélies sur le Lévitique*, VII, 2.

140 *Sur l'Antéchrist*.

141 *La Création de l'homme* の XXII 章では, その根拠のいくつかが XVI 章, PG44, 185C に明示されている. 紹介した引用はこれら二つの章, とりわけ XXII 章 (PG44, 204C–205D) からの抜粋である.

142 同書, XXII, 208B–D.

143 *Homélies sur Hébreux*, XXVIII, 1.

144 *Centuries sur la charité*, III, 60.

145 *Sur la mort*, 8.

146 たとえば S. MAXIME, *Ambigua*, PG91, 1088C を参照のこと.

147 以下を参照. S. JEAN DAMASCÈNE, *La Foi orthodoxe*, II, 12. S. SYMÉON LE NOUVEAU THÉOLOGIEN, *Catéchèses*, XXV, 53–68 と 124–146.

148 以下を参照. S. JEAN DAMASCÈNE, 上記引用文中. S. NICÉTAS STÉTHATOS, *De l'âme*, 32. S. JEAN CHRYSOSTOME, *Homélies sur les statues*, XVIII, 3.

149 S. JEAN DAMASCÈNE, 上記引用文中.

150 S. SYMÉON LE NOUVEAU THÉOLOGIEN, 上記引用文中, 63–66.

151 THÉODORE DE PÉTRA, *Vie de S. Théodose*, XLVIII, 25–49, 1–2.

152 以下を参照. S. JEAN DAMASCÈNE, 上記引用文中. S. NICÉTAS STÉTHATOS, 前掲書, 31.

153 上記引用文中, 53–55. S. NICÉTAS STÉTHATOS, 上記引用文中. S. JEAN CHRYSOSTOME, *Homélies sur les statues,* XVIII, 3.

154 以下を参照. S. SYMÉON LE NOUVEAU THÉOLOGIEN, 上記引用文, 122–124. S. GRÉGOIRE DE NAZIANZE, *Discours*, XVIII, 28. S. MAXIME, *Dispute à Bizya*, II.

155 教父たちはこの含みを終始尊重し, 通常「認める」とか「同意する」,「受け入れる」,「許可する」,「許す」などを意味する動詞 *sugkhôrein* か, あるいはこれに近い意味をもつ動詞 *parakhôrein* を使用している.

を自分が「支配者」となったこの世に拡散するためであった, とまで述べている.

123　前述した相違は, 聖パウロのなかんずくこの一節にかんする異なる読解にもとづいている.「すべての者が罪を犯したために［もしくは「という事実からして」]」を意味するギリシャ語本文 eph'ô pantes èmarton は, ラテン語のウルガタ訳では「*in quo omnes peccaverunt*」(「それにおいて［すなわちアダム], すべての者が罪を犯した）と訳されている . ギリシャ教父による最初の方の読解がこんにち大半の専門家に受け入れられている. J. MEYENDORFF の前掲書と S. LYONNET: «Le sens de Eph'ô en Rom 5, 12 et l'exégèse des Pères grecs», 436-456 頁を参照.

124　*Commentaire sur Romains*, PG74, 784BC.

125　*Commentaire sur Romains*, PG82, 100.

126　同書を参照.

127　聖グレゴリオス・パラマスは, より多くの経験を経たアダムの後裔に, より重い責任を課すことをためらわない.「おそらく多くの者が , アダムが神の掟に背き, 悪しき助言者の話を簡単に信じ込み, その結果, その背信行為によってわれわれに死がもたらされたことを非難するかもしれません. しかしながらまだ経験していない毒草を口にしようと思うことと, それが死をもたらすことを経験で学んだ後に食べようとすることとは意味が異なります. 経験した後に毒を呑み込み, 無残な死を招こうとする者は, まだ経験していないなかで同じ行為をし, その結果を負う者に比べると, いっそうの非難に値するのです. それゆえにわれわれ各人は, アダム本人以上に非難され, 断罪されるに値するのです」(*Chapitres physiques, théologiques, éthiques et pratiques*, 55).

128　S. MARC L'ERMITE, *Controverse avec un avocat*, 18-19 を参照.

129　聖ヨアンネス・クリュソストモスは「罪はあらゆる災いの原因です. すなわち四方八方からわれわれに降りかかる悲嘆の原因, 動揺の原因, 戦争の原因, 病気の原因, 治癒しにくいあらゆる苦痛の原因です」(*Homélies sur la pénitence*, VII), またさらに「罪は人間に重くのしかかるあらゆる不幸の根源である」(同書）と述べている.

130　S. MARC L'ERMITE, *Controverse avec un avocat*, 20 を参照.

131　*Les Frères Karamazov*〔『カラマーゾフの兄弟』〕, Paris, Gallimard, «Bibliothèque de la Pléiade» 叢書, 1972, 320 頁.

132　キリストはこうして , 教父たちが人間創造の窮極目的であると考える事柄を自身のうちに成就した. すなわち神化〔divinisation〕であるが, 既述のように, それはアダムに与えられていた使命である. しかしながら人間がその本性の窮極目的を実現するという場合, アダムの原初の状態と同じように, その本性が窮極目的を成就する状態にあることが前提となる. それゆえにとりわけ聖マクシモスが強調したように（*Commentaire du Notre-Père*, PG90, 873C; *Questions à Thalassios*, 54, PG90, 520D; 60, 621A-C を参照), もし受肉の最終的な目的がまさしく人間の神化であるとするならば, この神化は現状では人間の本性の再生, 罪の支配と悪魔の暴虐の根絶 , 死にたいする勝利, アダムが元始において享受していた非腐敗性や不死性を人類が潜在的に回復することをあらかじめ想定するもので, それらがしたがってこの受肉の絶対的な窮極目的となることがわかる. 正教会の神学が, 受肉した言の救いのわざと神化のわざという, 受肉にかんするこの二つの相補的

MAS, *Homélies*, LII.

113 以下を参照. S. GRÉGOIRE DE NYSSE, *La Création de l'homme*: XVI, 185B と XXII, 204CD. S. GRÉGOIRE PALAMAS, Homélies, V, PG151, 64-65.

114 以下を参照. S. MAXIME, *Ambigua*, 10, 1156D; *Questions à Thalassios*, 61, PG90, 628C, 632AB, D, 633BC, 636AB.

115 以下を参照. THÉODORET DE CYR, *Commentaire sur Romains*, PG82, 1245A. S. MAXIME, *Questions à Thalassios*, 21, PG90, 312C-313A; 61, 628C, 632AB, D. S. JEAN DAMASCÈNE, *La Foi orthodoxe*, II, 30. S. GRÉGOIRE PALAMAS, *Homélies*, V, PG151, 64B.

116 S. MAXIME の上記引用文中を参照.

117 語句はここでは一般的な意味で使われている.

118 *Homélies sur les Béatitudes*, VI, 5. 以下を参照. S. MAXIME, *Questions à Thalassios*, 61, 632A. S. GRÉGOIRE PALAMAS, *Homélies*, XLIII と LIV.

119 「東方教会の教父」であることを明確にしておきたい. というのも聖アウグスティヌスの神学を源泉とする西欧の思潮は, アダム自身の罪が受け継がれる性格をもつか, もしくは少なくともその罪過性が受け継がれることを認めており, この点で見解が分かれるからである. この違いについては以下を参照できる. J. MEYENDORFF: «*Eph'ô* (Rm5,12) chez Cyrille d'Alexandrie et Théodoret», *Studia Patristica*, IV, 1961, 157-161 頁 および *Initiation à la théologie byzantine*, Paris, 1975, 192-198 頁. また S. LYONNET: «Le sens de Eph'ô en Rom V, 12 et l'exégèse des Pères grecs», *Biblica*, 36, 1955, 436-456 頁; «Le péché originel et l'exégèse de Rom V, 12-14», *Recherches de science religieuse*, 44, 1956, 63-84 頁; «Péché originel», *Dictionnaire de la Bible*, Supplément 7, 1966, 509-567 段といった労作も参照のこと.

120 *Homélies sur Romains*, X, 2-3. 聖ヨアンネス・クリュソストモスはさらに「アダムは禁じられた果実を食べたことによって, 木の果実を味わうことをしなかった彼の子孫が死ぬ原因となった」, また「他者のせいでわれわれが罰せられるのは正当なこととは思えない」とも言っている (同書 1).

121 *Commentaire sur Romains*, PG74, 789. S. THÉOPHYLACTE DE BULGARIE, *Commentaire sur Romains*, PG124, 404C に同様の註解を見出せる.

122 アダムの責任はまず自分自身の犯した過ちに, そして自分自身に降りかかるその帰結にもとづくものである. 彼の子孫に及ぶ結果は, 人類の原型としてのアダムの地位と, 彼の犯した過ちによって人類が巻き込まれることになった〔諸〕世代の様態にもとづいている. この見地から考えると, 子孫への災いの伝播は本性の事柄となり, 個人の意志は二次的な役割しか果たさない. 教父からすると, その責任を軽減する二つの考慮すべき点がほかにもある. 第一は揺籃期の状態にあったこと, したがって彼が創造されたとき無経験の状態にあったことである (S. GRÉGOIRE PALAMAS, *Chapitres physiques, théologiques, éthiques et pratiques*, 55 を参照. 下記に引用). 第二は, アダムを一方で罪に駆り立てるときに悪魔が果たした役割である (S. ATHANASE, *Sur l'Incarnation du verbe*, V, 2; S. MAXIME, *Questions à Thalassios*, 61, PG90, 633B を参照). 『知恵の書』の作者は「悪魔のねたみによって死がこの世に入った」(知 2, 24) のであり, また他方で, 災いの結果

95　*Lettres*, X, PG91, 449B.

96　以下を参照. S. JEAN DAMASCÈNE, *La Foi orthodoxe*, II, 12. S. MAXIME, *Mystagogie*, VII.

97　S. GRÉGOIRE PALAMAS, *Homélies*, LIII.

98　以下を参照. S. GRÉGOIRE DE NYSSE, *La Création de l'homme*, IV, PG44, 136C; *Discours catéchétique*, VI, 10.

99　以下を参照. S. MAXIME, *Ambigua*, 41, PG91, 1305A-C.S. JEAN DAMASCÈNE, *La Foi orthodoxe*, II, 30.

100　S. MAXIME, *Ambigua*, 41, PG91, 1305A-C を参照のこと.

101　*Ambigua*, 41, PG91, 1305A を参照.

102　このように聖マクシモスは, すべての被造物の神化を創造の窮極目的として語っている.

103　S. JEAN CHRYSOSTOME, *Homélies sur la Genèse*, XVI, 5 を参照.

104　聖書には, 悪霊を病因とするいくつかの病気が叙述されている.『ヨブ記』の導入部（『ヨブ記』2, 6-7）にははっきりと, また使徒ペトロの次の言葉には婉曲に語られている.「神は, 聖霊と力とによってナザレのイエスに油を注いだ. イエスは, ほうぼうを巡り歩いて善き事柄を行い, 悪魔の支配下にあったすべての人たちを治癒した」(『使徒言行録』10, 38). このほかにも数多くの奇蹟談にはっきりと登場する. こうした病因論は教父によっても説かれている. とりわけ以下を参照のこと. *Apophtegmes*, série alph. Théodora 3; S. GRÉGOIRE DE NYSSE (A. M. KEENAN, «St Gregory of Nyssa and the Medical Profession», *Bulletin of the History of Medicine*, 15, 1944, 159-160頁を参照のこと); S. BARSANUPHE, Lettres, 154, 517, 519, 520, 521; *Vie de S. Théodore de Sykéôn*: 43, 46, 71, 84, 86, 88, 89, 91, 106, 108, 140, 143; S. MAXIME LE CONFESSEUR, *Centuries sur la charité*, II, 74; S. ÉLIE L'ECDICOS, *Anthologie*, 49; S. MACAIRE, *Chapitres métaphrasés par Syméon*, 147. 教父たちがこうした悪霊による病因を認めていることは, 第三章で言及するように, 副次的にもしくは並行して彼らが生物学的, あるいは器官もしくは機能障害によった病因論を認めることを, 妨げるものではない. 前者の場合, 身体的な原因がまったく排除されないばかりか,「形而上学的」もしくは霊的な原因も含まれ, しかもそれ自身が発現するために不可欠であることさえ認めている.

105　S. MAXIME LE CONFESSEUR, *Questions à Thalassios*, 60, PG90, 621AB を参照.

106　この点は『ヨブ記』の導入部にはっきり記されている.

107　V. LOSSKY, «Théologie dogmatique», 27 頁.

108　以下を参照. S. GRÉGOIRE PALAMAS, *Chapitres physiques, théologiques, éthiques et pratiques*, 39, PG151, 1148B. ORIGÈNE, *Homélies sur la Genèse*, XIII, 4. S. JEAN CHRYSOSTOME, *Exhortations à Théodore*, I, 3.

109　*Pédagogue*, I, VIII, 69, 1.

110　*La République*, X, 617e.

111　*Contre les hérésies*, V, 27, 2. 同書 28, 1 を参照.

112　以下を参照. S. MARC L'ERMITE, *Sur l'union hypostatique*, 18. S. GRÉGOIRE PALA-

78 *Discours catéchétique*, V, 11. 以下を参照. S. BASILE, Homélie: *Dieu n'est pas la cause des maux*, 7 :「死は罪の必然的結果です．神にほかならない命から，遠のくほどに死は近づくのです．死は生の喪失なのです．すなわち神から遠ざかったアダムは死に直面したことになります」. S. MAXIME LE CONFESSEUR, *Ambigua*, 10, PG91, 1156D :「最初の人間は［命の神の言を］糧としようとしなかったために，必然的に神の命に背を向けました．その結果，神の言を奪われて，死を宿した別の生が与えられたのです」.

79 以下を参照. S. JEAN CHRYSOSTOME, Homélies sur les statues, XI, 2. S. GRÉGOIRE PALAMAS, À Xéné, PG150, 1048C; Homélies, XI, PG151, 125A. この霊的な死を聖グレゴリオス・パラマスは，ちょうど肉体の死が魂と身体の分離であるように，魂と神の分離として規定し，しかもこの二つのうちで霊的な死がより深刻であることを強調した．そして霊的な死こそがまさに死なのである（*À Xéné* 上記引用文中）.

80 聖パウロが『ローマの信徒への手紙』5, 12 のなかで「一人の人間によって罪がこの世に入り，罪によって死が入り込んだ」と言明し，また『コリントの信徒への手紙一』15, 21 で「死がたった一人の人間によって生じ［た］」と言明するとき，彼は言うまでもなくこの二重の死のことを見据えている.

81 *Sur l'Incarnation du Verbe*, III, 5.

82 *À Xéné*, PG150, 1048C. *Chapitres physiques, théologiques, éthiques et pratiques*, 51 を参照.

83 S. CYRILLE D'ALEXANDRIE, *Commentaire sur l'épître aux Romains*, PG74, 789B.

84 教会の伝承は霊的な死と肉体的な死との因果関係をじっさい確認してきた．それを直に受け止めて，啓示によらない次元にもっぱら帰してしまうと理解しにくいが，神の恵みを介在させるとはっきりする．霊的な死は，身体に非腐敗性と非不死性を付与する神の恵みの喪失を，必然的に意味するのである.

85 S. GRÉGOIRE DE NYSSE, *Discours catéchétique*, V, 11.

86 *Sur l'Incarnation du Verbe*, IV, 4.

87 以下を参照. S. MAXIME LE CONFESSEUR, *Ambigua*, 42, PG91, 1348A. S. GRÉGOIRE DE NYSSE, *De anima et resurrectione*, PG46, 148C. 後者の見解については J. DANIÉLOU, *Platonisme et théologie mystique*, 56–59 頁を参照のこと.

88 S. MAXIME, *Ambigua*, 45, PG91, 1353B を参照.

89 S. JEAN DAMASCÈNE, La Foi orthodoxe, III, 1. S. MAXIME, *Ambigua*, 45, PG91, 1353B を参照.

90 S. JEAN DAMASCÈNE, *La Foi orthodoxe*, III, 1. を参照.

91 ウラジーミル・ロースキイは次のように書きとめている.「皮膚の膜はわれわれの現在の本性や粗末な生物学的な状態をあらわしており，楽園における透き通るような身体性とは大いに異なる」（«Théologie dogmatique», *Messager de l'exarchat du Patriarche russe en Europe occidentale*, 48, 1964, 231 頁）.

92 S. GRÉGOIRE DE NYSSE, *De anima et resurrectione*, PG46, 148C–149A を参照.

93 *Ambigua*, 45, PG91, 1353AB.

94 S. JEAN DAMASCÈNE, *La Foi orthodoxe*, II, 30 を参照. V. LOSSKY, *Théologie mystique de l'Église d'Orient*, Paris, 1944, 127–128 頁を参照のこと ; *«Théologie dogmatique»*, 227 頁.

orthodoxe, II, 30; III, 1. S. GRÉGOIRE PALAMAS, *À Xéné*, PG150, 1048C.

65　以下を参照.『ローマの信徒への手紙』5, 12. *À Diognète*, XII, 2. S. JUSTIN, *Dialogue*, 124. S. IRÉNÉE, *Contre les hérésies*, IV, 38, 4. S. ATHANASE D'ALEXANDRIE, *Sur l'Incarnation du Verbe*, III, 4-5; IV, 4; V, 1-3. S. BASILE, *Homélie : Dieu n'est pas la cause des maux*, 7. S. GRÉGOIRE DE NYSSE, *Discours catéchétique*, VIII, 4; *La Création de l'homme*, XX, PG44, 200C; *Traité de la virginité*, XII, 2; *De anima et resurrectione*, PG46, 149A. S. JEAN CHRYSOSTOME, *Homélies sur la Genèse*, XVII, 7. S. MAXIME LE CONFESSEUR, *Ambigua*, 7, PG91, 1093A; 10, 1156D; *Questions à Thalassios*, 61, PG90, 629B と D, 632B, 633BC, 636B. S. JEAN DAMASCÈNE, *La Foi orthodoxe*, II, 30; III, 1. S. GRÉGOIRE PALAMAS, *À Xéné*, PG150, 1048C; *Chapitres physiques, théologiques, éthiques et pratiques*, 46, 50, 51; Homélies, XI, PG151, 125A.

66　たとえば以下を参照のこと. S. JEAN CHRYSOSTOME, *Homélies sur la Genèse*, XVI, 1, 5 と 6; XVII, 7. S. GRÉGOIRE DE NYSSE, *Discours catéchétique*, V, 11; VII, 1; *La Création de l'homme*, XX, PG44, 201A; *Traité de la virginité*, XII, 2. S. MAXIME LE CONFESSEUR, *Questions à Thalassios*, 42, PG90, 408BC; *Lettres*, X, PG91, 449B. S. JEAN DAMASCÈNE, *La Foi orthodoxe*, III, 1.

67　*Questions à Thalassios*, 42, PG90, 408B.

68　*À Autolycus*, II, 25.

69　*Contre les hérésies*, V, 15, 2.

70　*Règle*, VII.

71　*Homélies*, XXXI, PG151, 388BC. 同様の教えが以下にある. S. JEAN CHRYSOSTOME, *Homélies sur les statues*, XI, 2; S. THÉOPHILE D'ANTIOCHE, *À Autolycus*, II, 25.

72　教父の多くによると, 祖先の罪は人間の自己神格化の企てのうちにある. たとえば以下を参照のこと. S. JEAN CHRYSOSTOME, *Homélies sur les statues*, XI, 2; S. IRÉNÉE, Contre les hérésies, V, 3, 1; S. JEAN DAMASCÈNE, *La Foi orthodoxe*, II, 30. S. SYMÉON LE NOUVEAU THÉOLOGIEN, *Traités éthiques*, XIII, 60. 人間は神となるように定められていたと東方教会の教父はそろって主張している（J. GROSS, *La Divinisation du chrétien d'après les Pères grecs*, Paris, 1938 を参照）. だがそれは神のうちにおいてであり, また神によってである.

73　以下を参照. S. GRÉGOIRE DE NYSSE, *Discours catéchétique*, V, 11. S. JEAN DAMASCÈNE, *La Foi orthodoxe*, II, 30. S. JEAN CHRYSOSTOME, *Homélies sur la Genèse*, XVI, 4. S. GRÉGOIRE PALAMAS, *Chapitres physiques, théologiques, éthiques et pratiques*, 46; 48; 66.

74　*Sur l'Incarnation du Verbe*, IV, 4.

75　同書 5 を参照.

76　次のことを想起したい. ギリシャ教父の大多数によると, 災いは第一に, 悪霊もしくは人間の個人的な意志にもとづいてしか存在しない. 第二に, それは善い事柄の喪失でしかないゆえに, 明確な本質をもたない. このことを縷々詳述したものとしてとりわけ DENYS L'ARÉOPAGITE, *Noms divins*, V, 19-35, PG3, 716D-736B を参照のこと.

77　*Discours catéchétique*, VIII, 19.

なっていて，じっさいそのようにはじまった），原初の状態におけるアダムの存在は歴史以前のそれである．同様にキリスト再臨につづく人類の存在は歴史以後ということになる．霊的な歴史は，したがって歴史科学に「凌駕」されることはない．教会の伝承にみる人間の始原にかんする教えは，古人類学の現在の知見とまさしく相いれない．それはパンとぶどう酒がキリストの身体と血に変わる聖変化についての教会の信仰が，化学の知見と相いれないのと同様である．あるいは処女懐胎によるキリストの誕生や死者の復活についての信仰が，生物学や生理学の知見と相いれなかったり，キリストの昇天が物理学や天文学の知見と相いれなかったりするのも同様である．それらはいずれも，相異なる，たがいに還元させることができない二つの理解の様態である．それらは，「自然の諸法則が超越される」領域や文字通り超自然的な存在様態と関係する信仰や霊的な知識であるか，もしくはそうなることをめぐっての取り組み方の相違である．

52　S. ATHANASE D'ALEXANDRIE, *Sur l'Incarnation du Verbe*, III, 4. S. MAXIME, *Questions à Thalassios*, 61, PG90, 632B. S. JEAN DAMASCÈNE, *La Foi orthodoxe*, II, 30 を参照．

53　『知恵の書』6, 18:「律法を守ることは非腐敗性を手に入れることである」を参照．

54　この観点に立って教父は，自由意志と結びついた人間の責任（それは神への自発的な献身を条件づける）とともに，人間の死ではなく不死を願う神の配意を強調する．以下を参照のこと．S. ATHANASE D'ALEXANDRIE, *Sur l'Incarnation du Verbe*, III, 4-5; IV, 4. S. JEAN CHRYSOSTOME, *Homélies sur la Genèse*, XVII, 3. S. GRÉGOIRE PALAMAS, *Chapitres physiques, théologiques, éthiques et pratiques*, 47; *Homélies*, XXXI, PG151, 388D.

55　*Homélies*, LVII, Oikonomos 版, 213 頁. S. JEAN DAMASCÈNE, *La Foi orthodoxe*, II, 11 を参照．

56　*À Autolycus* II, 27. I, 24「人間は完全に死すべき存在であるとか絶対に不死であるとかではなく，その二つを可能とする中間的な状態におかれたのです」を参照．

57　*De Genesis ad litteram*, VI, 25, PL34, 354.

58　*Sur l'Incarnation du Verbe*, III, 4. S. JEAN DAMASCÈNE, *La Foi orthodoxe*, II, 30 を参照．

59　*Homélies*, XXXI, PG151, 388D. *Homélies*, LIV, Oikonomos 版, 213 頁 ; *Chapitres physiques, théologiques, éthiques et pratiques*, 51 を参照．

60　*Homélies*, XXXI, PG151, 388D と *Homélies*, XXIX, PG151, 369C. S. JEAN CHRYSOSTOME, *Homélies sur la Genèse*, XVII, 7 を参照．

61　*Homélies*, XXXI, PG151, 388D.

62　以下を参照．S. IRÉNÉE, *Contre les hérésies*, V, 15, 2. S. GRÉGOIRE DE NYSSE, *De anima et resurrectione*, PG46, 149A. S. JEAN CHRYSOSTOME, *Homélies sur la Genèse*, XVII, 7.

63　以下を参照．S. MAXIME, *Questions à Thalassios*, 61, PG90, 628BC. 629D, 632B; *Chapitres sur la théologie et l'économie*, III, 18. S. JEAN DAMASCÈNE, *La Foi orthodoxe*, II, 30. S. GRÉGOIRE PALAMAS, *À Xéné*, PG150, 1048C.

64　以下を参照．S. ATHANASE D'ALEXANDRIE, *Sur l'Incarnation du Verbe*, III, 4-5; IV, 4; V, 1-3. S. GRÉGOIRE DE NYSSE, *La Création de l'homme*, XX, PG44, 200C. S. MAXIME LE CONFESSEUR, *Commentaire du Notre-Père*, PG90, 904C; *Questions à Thalassios*, 61, PG90, 636A; *Ambigua*, 10, PG91, 1156D; *Lettres*, X, PG91, 449B. S. JEAN DAMASCÈNE, *La Foi et pratiques*, 46; Homélies, XXXVI, PG151, 452A; *Homélies*, LIV, Oikonomos 版, 213 頁.

37　*De Genesis ad litteram*, VI, 25, PL34, 354.

38　*Contre les païens*, 2.

39　*Sur l'Incarnation du Verbe,* V, 1.

40　同書 V, 2.

41　以下を参照. S. JEAN DAMASCÈNE, *La Foi orthodoxe*, II, 11 と 30. S. JEAN CHRYSOSTOME, *Homélies sur la Genèse*, XVI, 1. S. GRÉGOIRE DE NYSSE, *Discours catéchétique*, VIII, 4.

42　S. GRÉGOIRE DE NYSSE, *Discours catéchétique*, V, 9 を参照.

43　S. JEAN DAMASCÈNE, *La Foi orthodoxe*, II, 11 を参照.

44　以下を参照. アンティオケイアの聖テオフィロス：「神は［人間を］それがつくられた土から楽園へと移した」. (*À Autolycus*, II, 24). 聖ヨアンネス・クリュソストモス：神は「楽園の外で［人間を］創造したが, ときを移さず招き入れた」(*Homélies sur la Genèse*, XIII, 4).

45　たとえば S. MAXIME, *Ambigua*, 41, PG91, 1305A と D を参照のこと.

46　S. JEAN DAMASCÈNE, *La Foi orthodoxe*, II, 11 を参照.

47　*Ambigua*, 45, PG91, 1353A を参照.

48　S. GRÉGOIRE DE NYSSE, *Discours catéchétique*, V, 9 を参照.

49　S. JEAN CHRYSOSTOME, *Homélies sur la Genèse*, XVI, 1 を参照.

50　S. MAXIME, *Ambigua*, 45, PG91, 1353AB:「最初の人間は裸でした. それは肉も身体ももたなかったからではなく, 肉を死すべき, 辛苦するものにするより有形的な組成ではなかったという意味で, そうなのでした」. ニュッサの聖グレゴリオスの見解については J. DANIÉLOU, *Platonisme et théologie mystique. Doctrine spirituelle de saint Grégoire de Nysse*, Paris, 1944, 56-59 頁を参照のこと.

51　以下を参照. S.THÉOPHILE D'ANTIOCHE, *À Autolycus*, II, 2. S. BASILE, *Sur l'origine de l'homme*, II, 7. S. GRÉGOIRE DE NYSSE, *La Création de l'homme*, XVII, PG44, 188CD; XXI, 204A. S. MAXIME LE CONFESSEUR, *Questions à Thalassios*, 61, 669A. 人間の元始にかんする教父の見解が現在の科学のそれとは根本的に異なることは明白である. 教会の伝承からみると, 古人類学の考える人類史は楽園の条件から外れたそれでしかない. 教父たちはホモ・ハビリス〔化石人類〕のうちに, 神の手によらない人類の代表を見ていたであろう. それはすでに原初の状態を失って「退化」のもっとも下の段階にあり, 新しい存在の仕方で発達しはじめているのである（したがって創造されたときのアダムに教父たちがあてはめる霊的な揺籃期の状態《以下を参照. S. IRÉNÉE, *Contre les hérésies*, IV, 38, 1, S. THÉOPHILE D'ANTIOCHE, *À Autolycus*, II, 25; S. JEAN DAMASCÈNE, *La Foi orthodoxe*, II, 11》と, 歴史の「黎明期」もしくは誕生した人類の発展途上の状況とを, 混同しないように注意する必要がある）. 聖書や教父が提示する人間の原初の状態は, 歴史認識の場合とは異なった時間性の範疇に属している. つまりこの時間性は感覚的な現実の時間（*khronos*）ではなく, 霊的な現実の持続時間（*aiôn*）に属するものであり, 霊的な歴史は歴史科学の理解を超えているのである. 非時間的であることなく（というのもこの時間性には時間のはじまりがあったのであり, 時間の持続のうちに発展するようにいました」.

17 *Lettres*, III, 17.

18 *Homélies sur les Béatitudes*, III, 5. *Discours catéchétique*, V, 8 を参照.

19 *Traité de la virginité*, XII, 2.

20 *Homélies sur les Béatitudes*, III, 5.

21 同書.

22 *Questions à Thalassios*, 21, PG90, 312B.

23 同書, 42, PG90, 408C.

24 下記を参照のこと. S. ATHANASE D'ALEXANDRIE, *Contre les païens*, 2 と 3. S. BASILE, *Homélie: Dieu n'est pas la cause des maux*, 7, PG 31, 344C（神はアダムに「永遠の命の享受」を認めていた）. S. GRÉGOIRE DE NYSSE, *Discours catéchétique*, V, 6（「永遠性はまた神性に付帯するすばらしさのひとつであるので, この点でもわれわれの本性の組成はなによりもみじめなものであってはならず, それ自身のうちに不死性 [*to athanaton*] の要素をもっている必要があったのです」）; 同書, V, 8（永遠性は, 肉体の苦しみがないこととならんで, 原初のアダムの属性として位置づけられます）; 同書, VIII, 4-5（死ぬという条件は元来, 理性を欠く被造物のものでした）; *La Création de l'homme*: IV, PG44, 136D; XVII, 188B（不死性は人間が創造されたときにもっていた特質に含まれていました）; *Traité de la virginité*, XII, 2（「人間自身には, 本性に付随する根本的な特性としての死ぬ［……］という能力はありませんでした」）. S. JEAN DAMASCÈNE, *La Foi orthodoxe*, II, 12（「神は人間を［……］不死としたのです」）. S. JEAN CHRYSOSTOME, *Homélies sur les statues*, XI, 2（楽園では, 身体は「死に服するものではありませんでした」）.

25 *De Genesi ad litteram*, VI, 25, PL34, 354.

26 *Sur l'Incarnation du verbe*, IV, 6. 同書 4 を参照.

27 同書 V, 1.

28 *Homélies sur la Genèse*, XVII, 7.

29 これは S. ATHANASE D'ALEXANDRIE, *Sur l'Incarnation du verbe*, V, 2 において引用されている『知恵の書』2, 23 の言葉である.

30 S. GRÉGOIRE DE NYSSE, Discours catéchétique, VIII,5; Homélies sur les Béatitudes, III, 5.

31 以下を参照. S. GRÉGOIRE DE NYSSE, *Discours catéchétique*, V, 6. S. ATHANASE D'ALEXANDRIE, *Contre les païens*, 2. S. GRÉGOIRE PALAMAS, *Chapitres physiques, théologiques, éthiques et pratiques*, 47.

32 S. ATHANASE, *Sur l'Incarnation du Verbe*, III, 4. S. MAXIME, *Ambigua*, 10, PG91, 1156D を参照.

33 たとえば S. GRÉGOIRE PALAMAS, *Homélies*, LVII, Oikonomos 版, 213 頁を参照のこと.

34 *Homélies*, XXXVI, PG151, 452A.

35 *Grandes Règles*, 55.

36 以下を参照. S. BASILE, *Homélie: Dieu n'est pas la cause des maux*, 7, PG31, 344C. S. MAXIME LE CONFESSEUR, *Commentaire du Notre-Père*, PG90, 904C; *Questions à Thalassios*, Introduction, PG90, 252D. S. GRÉGOIRE PALAMAS, *Chapitres physiques, théologiques, éthiques*

原 註

序 文

1　M. SENDRAIL, *Histoire culturelle de la maladie*, Toulouse, 1980, 2 頁.

2　この点は I. ILLICH, *Némésie médicale*, Paris, 1975, VI 章において，過剰な論争調を避けながら強調されている.

3　M. FOUCAULT, *Naissance de la Clinique. Une archéologie du savoir médical*, Paris, 1972 を参照のこと．I. ILLICH の前掲書を参照.

4　M. FOUCAULT の同書を参照.

5　M. SENDRAIL の前掲書，XVIII 章，<Santé et maladie des temps modernes>, 423s 頁を参照.

第一章　病気の淵源へ

1　*Homélie: Dieu n'est pas la cause des maux*, 2, PG31, 332B.

2　同書，6, 344A.

3　同書，6, 344B.

4　同書，7, 345A.

5　Discours catéchétique, V, 8-9. 同書 11 と VII, 4 も参照のこと．*Traité de la virginité*, XII, 2.

6　同上，*Discours catéchétique*, VIII,15.

7　*Questions à Thalassios*, 61, PG90, 628A.

8　同書，41, PG90, 408C.

9　*Homélies*, XXXI, PG151, 396B. 388D を参照.

10　*Chapitres physiques, théologiques, éthiques et pratiques*, 51.

11　同書，47 を参照.

12　*Homélies*, XXXI, PG151, 396C. 388B を参照.

13　本書にたびたび登場することになる「腐敗」（*phtora*）という言葉は二つの意味をもつ．ひとつには死後の肉体の分解であり，もうひとつは身体（また広義には魂）のあらゆる形の変質をさす．この二つ目の意味では病気や苦痛，疲労などにもあてはまる．S. JEAN DAMASCÈNE, *La Foi orthodoxe*, III, 28 を参照.

14　*Instructions*, I, 1. ABBA ISAÏE, *Recueil ascétique*, II, 2 を参照.

15　S. AUGUSTIN, *La Cité de Dieu*, XIV, 26.

16　*Homélies sur les statues*, XI, 2. Homélies sur la Genèse, V, 1 と 4 を参照.：「身体をまとっていても［人間は］ひどい窮状に苦しむことはなかったのです」. Homélies sur la Genèse, XVI, 1：アダムとエバ，「身体をまとっていても病を意識しませんでした［……］. 彼らの命は痛みや悲嘆を免れていたのです」．同書，4：彼らは「弱さを知らない身体をまとって

1961 年，157-161 頁
——. «Messalianism or Anti-Messalianism ? A Fresh Look at the Macarian Problem», *Kyriakon. Festschrift Johannes Quasten*, Münster Westf., 1970 年，II 巻，585-590 頁
——. *Initiation à la théologie byzantine*, Paris, 1975 年
MILLER (T.S.), *The Birth of the Hospital in the Byzantine Empire*, Baltimore, 1985 年
——. «Byzantine hospitals», *Symposium on Byzantine Medicine, Dumbarton Oaks Papers*, 38, 1985 年，53-63 頁に所収
NUTTON (V.), «From Galen to Alexander, Aspects of Medicine and Medieval Practice in Late Antiquity», *Symposium on Byzantine Medicine, Dumbarton Oaks Papers*, 38, 1985 年，1-14 頁に所収
OTT (J.), «Die Bezeichnung Christi als *iatros* in der urchristlichen Literatur», *Der Katholik*, 90, 1910 年，454-458 頁
PAPADOPOULOS (C.), *Historia tès Ekklèsias Alexandrias*, Alexandrie, 1935 年
SCARBOROUGH (J.), *Symposium on Byzantine Medicine, Dumbarton Oaks Papers* 版，38, Washington, 1985 年
SCHADEWALDT (H.), «Die Apologie der Heilkunst bei den Kirchenvätern», *Veröffentlichungen der internationalen Gesellschaft für Geschichte der Pharmazie*, 26, 1965 年，115-130 頁
SCHEIDWEILER (F.), «Arnobius und der Marcionitismus», *Zeitschrift für neutestamentliche Wissenschaft und die Kunde der älteren Kirche*, 45, 1954 年，42-67 頁
SCHIPPERGES (H.), «Zur Tradition des "Christus Medicus" im frühen Christentum und in der älteren Heilkunde», *Arzt Christ*, 11, 1965 年，12-20 頁
SENDRAIL (M.), *Histoire culturelle de la maladie*, Toulouse, 1980 年
SIGERIST (H.), «An Outline of the Development of the Hospital», *Bulletin of the History of Medicine*, 4, 1936 年，573-581 頁
STÖGER (A.), «Der Arzt nach Jesus ben Sirach (38, 1-15) », *Arzt Christ*, 11, 1965 年，3-11 頁
TALBOT (A.M.), *Faith Healing in Late Byzantium*, Brookline, 1983 年
TEMKIN (O.), «Byzantine Medicine, Tradition and Empiricism», *Dumbarton Oaks Papers*, 16, 1962 年，97-115 頁
WARE (T.), *Eustratios Argenti. A Study of the Greek Church under Turkish Rule*, Oxford, 1964 年
WEINEL (H.), *Die Wirkungen des Geistes und der Geister im nachapostolischen Zeitalter bis auf Irenäus*, Fribourg-en-Brisgau, 1899 年，II 巻，109-127 頁 : «Heilungen und Wunder»

GROSS (J.), *La Divinisation du chrétien d'après les Pères grecs*, Paris, 1938 年

HARAKAS (S.S.), «The Eastern Orthodox Tradition». *Caring and curing, Health and Medicine in the Western Religious Tradition*, R.L. NUMBERS et D.W. AMUNDSEN 版, New York, 1986 年, 146-172 頁に所収

——. «"Rational Medicine" in the Orthodox Tradition», *The Greek Orthodox Theological Review*, 33, 1988 年, 19-43 頁

HARNACK (A.), «Medicinisches aus der ältesten Kirchengeschichte», *Texte und Untersuchungen*, VIII, 4, Leipzig, 1892 年, 37-152 頁

HAUSHERR (I.), *Philautie. De la tendresse pour soi à la charité selon saint Maxime le Confesseur*, Rome, «Orientalia Christiana Analecta» 137 号, 1952 年

——. *Les Leçons d'un contemplatif. Le traité de l'oraison d 'Évagre le Pontique*, Paris, 1960 年

HORDERN (P.), «Saints and Doctors in the Early Byzantine Empire, the Case of Theodore of Sykeon», *Studies in Church History*, 19, 1982 年, 1-13 頁

JANINI (J.), *La Antropologia y la Medicina pastoral de San Gregorio de Nisa*, Madrid, 1946 年

KAZHDAN (A.), «The Image of the Medical Doctor in Byzantine Literature of the Tenth to Twelfth Centuries», *Symposium on Byzantine Medicine, Dumbarton Oaks Papers*, 38, 1985 年, 43-51 頁に所収

KEENAN (A.M.), «St. Gregory of Nazianzus and Early Byzantine Medicine», *Bulletin of the History of Medicine*, 9, 1941 年, 8-30 頁

——. «St. Gregory of Nyssa and the Medical Profession», *Bulletin of the History of Medicine*, 15, 1944 年, 150-161 頁

KNUR (K.), *Christus medicus ?*, Fribourg-en-Brisgau, 1905 年

LAIN ENTRALGO (P.), *Maladie et culpabilité*, Paris, 1970 年

LARCHET (J.-C), *Thérapeutique des maladies spirituelles*, 2 巻, Paris, 1991 年

LECLERCQ (H.), «Médecins», *Dictionnaire d'archéologie et de liturgie*, XI, 1, Paris, 1933 年, 109-185 段

LOSSKY (V.), *Théologie mystique de l'Église d'Orient*, Paris, 1944 年

——. «Théologie dogmatique», *Messager de l'exarchat du Patriarche russe en Europe occidentale*, 48, 1964 年, 218-233 頁

——. *À l'image et à la ressemblance de Dieu*, Paris, 1967 年

LYONNET (S.), «Le sens de Eph'ô en Rom V, 12 et l'exégèse des Pères grecs», *Biblica*, 36, 1955 年, 436-456 頁

——. «Le péché originel et l'exégèse de Rom V, 12-14», *Recherches de science religieuse*, 44, 1956 年, 63-84 頁

——. «Péché originel», *Dictionnaire de la Bible,* Supplément 7 号, 1966 年, 509-567 段

MAGOULIAS (H.J.), «The Lives of Saints as Sources of Data for the History of Byzantine Medicine in the Sixth and Seventh Centuries», *Byzantinische Zeitschrift*, 57, 1964 年, 127-150 頁

MANDELKER FRIEDEN (N.), *Russian Physicians in an Era of Reform and Revolution, 1856-1905*, Princeton, 1981 年

MEYENDORFF (J.), «*Eph'ô* (Rm 5,12) chez Cyrille d'Alexandrie et Théodoret», *Studia Patristica*, IV,

Vie de Théodore de Sykéôn. ギリシャ語本文および訳は A.-J. Festugière, 2巻, «Subsidia Hagiographica» 48号, Bruxelles, 1970年

Vita SS Cosmae et Damiani, *Analecta Bollandiana*, 1, 1882年, 586-596頁

Vita Sampsonis, PG115, 277-308

研究書・論文

ADNÈSE (A.) / CANIVET (P.), «Guérisons miraculeuses et exorcismes dans l'Histoire Philothée de Théodoret de Cyr», *Revue de l'histoire des religions*, 171, 1967年, 166-174頁

AIGRAIN (R.), *L'Hagiographie*, Paris, 1953年

AMUNDSEN (D.W.), «Medicine and Faith in Early Christianity», *Bulletin of the History of Medicine*, 56, 1982年, 326-350頁

AMUNDSEN (D.W.) / FERNGREN (G.B.), *Health/Medicine and the Faith Traditions*, M.E. MARTY et K.L. VAUX版, Philadelphie, 1982年の «Medicine and Religion: Early Christianity Through the Middle Ages»

BIHLMEYER (C.) / TUCHLE (H.), *Histoire de l'Église*, I巻, Paris, 1969年

BÖCHER (O.), *Christus Exorcista, Dämonismus und Taufe im Neuen Testament*, Stuttgart, 1972年

BRUNET (F.), «Les médecins grecs depuis la mort de Galien jusqu'à la fin de l'Empire d'Orient». LAIGNEL-LAVASTINE, *Histoire générale de la médecine*, Paris, 1936年, I巻, 433-463頁に所収

CANIVET (P.), *Histoire d'une entreprise apologétique au Ve siècle*, Paris, 1958年

——. *Le Monachisme syrien selon Théodoret de Cyr*, Paris, 1977年

——. ADNÈSE (A.) / CANIVET (P.) を参照のこと

諸資料, *La maladie et la mort du chrétien dans la liturgie.* XXIes Semaines d'études liturgiques de l'Institut de théologie orthodoxe Saint-Serge, Paris, 1974年における会議資料, Bibliotheca «Ephemerides liturgicae», «Subsidia», Rome, 1975年

CONSTANTELOS (D.J.), «Physician-Priests in the Medieval Greek Church», T*he Greek Orthodox Theological Review*, 12, 1966-1967年, 141-153頁

DANIÉLOU (J.), *Platonisme et théologie mystique. Doctrine spirituelle de saint Grégoire de Nysse*, Paris, 1944年

DÖLGER (F.J.), «Beiträge zur Geschichte des Kreuzzeichens», VII, 16: «Das Kreuzzeichen in der Volksmedizin», *Jahrbuch für Antike und Christentum*, 7, 1964年, 5-16頁

DORBECK (F.), «Origin of Medicine in Russia», *Medical Life*, 3, 1923年, 223-233頁

DUMEIGE (G.), «Le Christ Médecin dans la littérature chrétienne des premiers siècles», *Rivista di archeologia cristiana*, 48, 1972年, 115-141頁

——. «(Christ) Médecin», *Dictionnaire de spiritualité*, X巻, 1980年, 891-901段

DUVAL (R.), *La Littérature syriaque*, Paris, 1899年

FOX (M.M.), *The Life and Times of St. Basil the Great as Revealed in his Works*, «Catholic University Patristic Series» 57号, Washington, 1939年, 13-17頁

FRINGS (H.J.), *Medizin und Arzt bei den griechischen Kirchenvätern bis Chrysostomos*, Diss. Phil., Bonn, 1959年

SOZOMÈNE, *Histoire ecclésiastique*. PG67, 843-1630

SYMÉON MÉTAPHRASTE, *Vie de saint Panteleimon*. PG115, 448-449

SYMÉON LE NOUVEAU THÉOLOGIEN, *Catéchèses*. 校訂は Mgr B. Krivocheine, 訳文は J. Paramelle, «Sources chrétiennes» 96, 104, 113 号, Paris, 1963, 1964, 1965 年

——. *Traités éthiques*. 校訂および訳は J. Darrouzès, «Sources chrétiennes» 122 と 129 号, Paris, 1966 と 1967 年

TATIEN, *Discours aux Grecs*. PG6, 804-888

TERTULLIEN, *Apologétique*. 校訂および訳は J.-P. Waltzing, «Collection des Universités de France», Paris, 1971 年

——. *De la résurrection*. 本文の校定は J.G. Borleffs, *Tertulliani Opera*, «Corpus Christianorum, Series Latina», II, Turnhout, 1954 年, 921-1012 頁. 訳文は M. Moreau, «Les Pères dans la foi», Paris, 1980 年

——. *Scorpiace*. 本文の校定は A. Reifferscheid と G. Wissowa, «Corpus Scriptorum Ecclesiasticorum Latinorum», XX, Vienne, 1890 年

THALASSIOS, *Centuries sur la charité, la tempérance et la conduite de l'esprit*. PG91, 1427-1470 および *Philokalia tôn ierôn nèptikôn*, II 巻, Athènes, 1984 年, 205-229 頁. 訳文は J. Touraille, *Philocalie des Pères neptiques*, VII 巻, Bellefontaine, 1986 年, 17-45 頁

THÉODORE DE PÉTRA, *Vie de S. Théodose*. 本文の校定は H. Usener, *Der heilige Theodosios, Schriften des Theodoros und Kyrillos*, Leipzig, 1890 年. 訳文は A.-J. Festugière, *Les Moines d'Orient*, III/3, Paris, 1961 年

THÉODORET DE CYR, *Commentaire sur Romains*. PG82, 43-225

——. *Discours sur la Providence*. PG83, 555-774. 訳は Y. Azéma, Paris, 1954 年

——. *Histoire des moines de Syrie*. 校訂および訳は P. Canivet/A. Leroy-Molinghen, «Sources chrétiennes» 234 と 257 号, Paris, 1977 と 1979 年

——. *Thérapeutique des maladies helléniques*. 校訂および訳は P. Canivet, 2 巻, «Sources chrétiennes» 57 号, Paris, 1958 年

THÉODORE DE PAPHOS, *La Légende de S. Spyridon, évêque de Trimithonte*. P. Van den Ven 版, Louvain, 1953 年

THÉOPHILE D'ANTIOCHE, *À Autolycus*. 校訂は E. Raspira, Turin, 1935 年. 訳文は J. Sender, «Sources chrétiennes» 20 号, Paris, 1948 年

THÉOPHYLACTE DE BULGARIE, *Commentaire sur Romains*. PG124, 336-560

Typikon du Christ Sauveur Pantocrator, 校訂および訳は P. Gautier, *Revue des Études Byzantines*, 32, 1974 年, 26-131 頁

Tome hagioritique. 本文は *Philokalia tôn ierôn nèptikôn*, IV 巻, Athènes, 1976 年, 188-193 頁. 訳文は J. Touraille , *Philocalie des Pères neptiques*, X 巻 , Bellefontaine, 1990 年, 305-313 頁

Vie d'Antoine. ATHANASE D'ALEXANDRIE を参照のこと

Vie de saint Athanase l'Athonite. 本文の校定は L. Petit, *Analecta Bollandiana*, 25, 1906 年, 5-89 頁. 訳は D.O.R. Chevetogne, 1963 年

Vie de saint Dosithée. ギリシャ語本文および訳は DOROTHÉE DE GAZA, *Œuvres spirituelles*, «Sources chrétiennes» 92 号, 1963 年, 122-145 頁にて L. Regnault 師と Dom J. Préville 師

年，251–291 頁にて M. Lot-Borodine
——. *Questions à Thalassios*. PG90, 244–785. 訳文は E. Ponsoye, Nîmes, 1989 年
——. *Scolies sur les Noms divins*. PG4, 185–416
MÉLÉTIOS LE MOINE, *De la constitution de l'homme*. PG64, 1075–1310
Miracles des saints Cosme et Damien. 本文の校訂刊行は L. Deubner, *Kosmas und Damianos*, Leipzig-Berlin, 1907 年
NÉMÉSIUS D' ÉMÈSE, *De la nature de l'homme*. PG40, 504–818
NICÉTAS STÉTHATOS, *Centuries*. PG120, 852–1009 および *Philokalia tôn ierôn nèptikôn*, III 巻，Athènes, 1960 年，273–355 頁．訳は *Philocalie des Pères neptiques*, IV 巻，Bellefontaine, 1982 年にて J. Touraille
——. *De l'âme*. 校訂および訳は NICÉTAS STÉTHATOS, *Opuscules et lettres*, «Sources chrétiennes» 81 号，Paris, 1961 年，56–153 頁にて J. Darrouzès
NICOLAS CABASILAS, *Explication de la divine liturgie*. 本文および訳は S. Salaville, R. Bornert, J. Gouillard と P. Périchon, «Sources chrétiennes» 4bis 号，Paris, 1967 年
——. *La Vie en Christ*. 校訂および訳は M.-H. Congourdeau, «Sources chrétiennes» 355 と 361 号，Paris, 1989 と 1990 年
NIL SORSKY, *Règle*. 訳は *Saint Nil Sorsky*, «Spiritualité orientale» 32 号，Bellefontaine, 1980 年，38–114 頁にて Sr. S. M. Jacamon
ORIGÈNE, *Contre Celse*. 校訂および訳は M. Borret, «Sources chrétiennes» 132, 136, 147, 150 号，Paris, 1967，1968，1969 年
——. *Homélies sur la Genèse*. 校訂は W. A. Baehrens, «Die griechischen christlichen Schriftsteller der ersten Jahrhunderte», VI, Berlin-Leipzig, 1920 年．訳文は L. Doutreleau, «Sources chrétiennes» 7bis 号，Paris, 1943 年
——. *Homélies sur le Lévitique*. ギリシャ語本文，訳は M. Boret, «Sources chrétiennes» 286 と 287 号，Paris, 1981 年
——. *Homélies sur les Nombres*. 校訂は W. A. Baehrens, «Die griechischen christlichen Schriftsteller der ersten Jahrhunderte», VII, Berlin-Leipzig, 1921 年．訳文は A. Méhat, «Sources chrétiennes» 29 号，Paris, 1951 年
——. *Commentaire sur III Rois*, XV. PG17, 538–56A
——. *Homélies sur le psaume 37*. Homélie 1. PG12, 1369–1380
——. *Traité de la prière*. PG11, 416–561. 訳文は A.G. Hamman, «Les Pères dans la foi», Paris, 1977 年
PALLADE, *Dialogue sur la vie de Jean Chrysostome*. 校訂および訳は A.-M. Malingrey, «Sources chrétiennes» 341 と 342 号，Paris, 1988 年
——. *Histoire lausiaque*. ギリシャ語本文，訳は A. Lucot, «Hemmer et Lejay», Paris, 1912 年
PHOTIUS, *Lettres*. 校訂は J. Valetta, Londres, 1864 年
PIERRE DAMASCÈNE, *Livre*. 本文は *Philokalia tôn ierôn nèptikôn*, III 巻，Athènes, 1960 年，5–111 頁．訳は *Philocalie des Pères neptiques*, II 巻，Bellefontaine, 1980 年にて J. Touraille.
SÉRAPHIM DE SAROV, *Instructions spirituelles*, 訳文は I. GORAÏNOFF, *Séraphim de Sarov*, Paris, 1979 年，193–214 頁

JEAN DAMASCÈNE, *La Foi orthodoxe*. PG94, 789–1228. 訳文は E. Ponsoye, Paris, 1966 年

——. *Discours utile à l'âme*. PG95, 85–97 および *Philokalia tôn ierôn nèptikôn*, II 巻, Athènes, 1976 年, 222–238 頁. 訳は *Philocalie des Pères neptiques*, VII 巻, Bellefontaine, 1986 年, 51–59 頁にて J. Touraille

JEAN DE GAZA, *Lettres*. Nicodème l'Hagiorite 版, Venise, 1816 年, 再刊は S.N. Schoinas, Volos, 1960 年. 訳は BARSANUPHE et JEAN, *Correspondance*, Solesmes, 1972 年にて L. Regnault, P. Lemaire, B. Outtier

JEAN MOSCHUS, *Le Pré spirituel*. PG87, 2851–3116. 訳文は M.-J. Rouët de Journel, «Sources chrétiennes» 12 号, Paris, 1946 年

JÉRÔME, *Des hommes illustres*. PL23, 631-760

JUSTIN, *Apologies* 1 および 2. ギリシャ語本文および訳は L. Pautigny, «Hemmer et Lejay», Paris, 1904 年. 改訂訳は *La Philosophie passe au Christ*, «Lettres chrétiennes» 3 号, Paris, 1958 年, 31–113 頁にて A. Hamman

——. *Dialogue avec Tryphon*. 本文は G. Archambault, «Hemmer et Lejay», Paris, 1909 年. 改訂訳は *La Philosophie passe au Christ*, «Lettres chrétiennes» 3 号, Paris, 1958 年, 119–350 頁にて A. Hamman

LACTANCE, *Divinae institutiones*. PL6, 111–822.

MACAIRE, *Homélies* の叢書 2. 本文の校定は H. Dörries, E. Klostermann, M. Kroeger, *Die 50 geistlichen Homilien des Makarios*, «Patristische Texte und Studien» 4 巻, Berlin, 1964 年. 訳は P.P. Deseille, *Les Homélies spirituelles de saint Macaire*, «Spiritualité oriental» 40 号, Bellefontaine, 1984 年

——, *Chapitres métaphrasés par Syméon Métaphraste*. 本文は *Philokalia tôn ierôn nèptikôn*, III 巻, Athènes, 1960 年, 171–234 頁. 訳は *Philocalie des Pères neptiques*, V 巻, Bellefontaine, 1984 年, 17–85 頁にて J. Touraille

MARC L'ERMITE, *Controverse avec un avocat*. PG65, 1072–1101. 訳は MARC LE MOINE, *Traités spirituels et théologiques*, «Spiritualité orientale» 41 号, Bellefontaine, 1985 年, 154–177 頁にて C.-A. Zirnheld

——. *Sur l'union hypostatique*. 本文の校定は J. Kunze, *Markus Eremita*, Leipzig, 1895 年. 訳は MARC LE MOINE, *Traités spirituels et théologiques*, «Spiritualité orientale» 41 号, Bellefontaine, 1985 年, 205–233 頁にて C.-A. Zirnheld

MAXIME LE CONFESSEUR, *Ambigua*. PG91, 1032–1417. 訳文は E. Ponsoye, SAINT MAXIME LE CONFESSEUR, *Ambigua – Apories*, Nîmes, 1989 年

——. *Centuries sur la charité*. PG90, 960–1080. 訳文は J. Pegon, «Sources chrétiennes» 9 号, Paris, 1945 年

——. *Commentaire du Notre-Père*. PG90, 872–909. 訳文は A. Riou, *Le Monde et l'Église selon Maxime le Confesseur*, Paris, 1973 年, 214–239 頁

——. *Dispute à Bizya*. PG90, 136–172

——. *Lettres*. PG91, 364–669. 訳文は E. Ponsoye, SAINT MAXIME LE CONFESSEUR, *Correspondance*, Nîmes, 1988 年

——. *Mystalogie*. PG91, 657–718. 訳は *L'Initiation chrétienne*, «Lettres chrétiennes» 7 号, Paris, 1963

Seigneur, Paris, 1982 年にて M. Péden-Godefroi

——. *Lettres.* 校訂および訳は P. Maraval, «Sources chrétiennes» 363 号, Paris, 1990 年

——. *Traité de la virginité.* 校訂および訳は M. Aubineau, «Sources chrétiennes» 119 号, Paris, 1966 年

——. *Vie de sainte Macrine.* 校訂および訳は P. Maraval, «Sources chrétiennes» 178 号, Paris, 1971 年

GRÉGOIRE DE PALAMAS, *Chapitres physique, théologiques, éthiques et pratiques.* 本文は *Philokalia tôn ierôn nèptikôn*, IV 巻, Athènes, 1976 年, 134-187 頁. 訳は *Philocalie des Pères neptiques*, X 巻, Bellefontaine, 1990 年, 221-304 頁にて J. Touraille

——. *Homélies.* PG151, 9-549 および S. Oikonomos 版, *Grègoriou tou Palama omiliai*, Athènes, 1861 年

——. *Triades pour la défense des saints hésychastes.* 校訂および訳は J. Meyendorff, II 巻, Louvain, 1973 年

——. *À Xéné.* PG150, 1044-1088 および *Philokalia tôn ierôn nèptikôn*, IV 巻, Athènes, 1976 年, 91-115 頁. 訳は *Philocalie des Pères neptiques*, X 巻, Bellefontaine, 1990 年, 155-192 頁にて J. Touraille.

HIPPOLYTE DE ROME, *Sur l'Antéchrist.* 本文は *Hippolytus Werke*, I, 2, «Die griechischen christlichen Schriftsteller der ersten Jahrhunderte», Leipzig-Berlin, 1897 年, 3-47 頁

IGNACE D'ANTIOCHE, *Aux Éphésiens.* ギリシャ語本文, 訳文は P.T. Camelot, «Sources chrétiennes» 10 号, Paris, 1969 年, 56-79 頁

IRÉNÉE, *Contre les hérésies.* 校訂および訳とその監修は A. Rousseau, «Sources chrétiennes» 264 号 (Livre I), 294 号 (Livre II), 211 号 (Livre III), 100 号 (Livre IV), 153 号 (Livre V), Paris, 1979, 1982, 1974, 1965, 1969 年

ISAAC LE SYRIEN, *Discours ascétiques.* ギリシャ語版の本文の校訂刊行は Nicéphore Théotoki, Leipzig, 1770 年, 再校訂は J. Spetsieris, Athènes, 1895 年. 訳は ISAAC LE SYRIEN, *Œuvres spirituelles*, Paris, 1981 年にて J. Touraille

ISAÏE, *Recueil ascétique.* ギリシャ語本文は Augustinos 版, Jérusalem, 1911 年. S. N. Schoinas, Volos, 1962 年が再刊. 訳は «Spiritualité orientale» 7 号, Bellefontaine, 1970 年にてソレム大修道院の修道士

ISIDORE DE PÉLUSE, *Lettres*, PG78, 177-1645

JEAN CARPATHIOS, *Centurie* もしくは *Chapitres d'exhortation.* PG85, 1837-1856 年および *Philokalia tôn ierôn nèptikôn*, I 巻, Athènes, 1976 年, 276-296 頁. 訳は *Philocalie des Pères neptiques*, III 巻, Bellefontaine, 1981 年, 89-131 頁にて J. Touraille

JEAN CASSIEN, *Conférences.* 校訂および訳は E. Pichery, «Sources chrétiennes» 42, 54, 64 号, Paris, 1955, 1958, 1959 年

JEAN CHRYSOSTOME, *Œuvres complètes.* PG47-64. 訳文の監修は M. Jeannin, 11 巻, Bar-le-Duc, 1863-1867 年

JEAN CLIMAQUE, *L'Échelle sainte.* 本文の校定は l'Ermite Sophronios, Constantinople, 1883 年, 再刊は Athènes, 1979 年. 訳文は P.P. Deseille, «Spiritualité orientale» 24 号, Bellefontaine, 1978 年

chungen», XLIX 2, Leipzig-Berlin, 1939 年．訳文は A-J. Festugière, *Les Moines d'Orient*, III/2, Paris, 1961 年

DENYS L'ARÉOPAGITE, *Les Noms divins*, PG3, 585–984. 訳文は *Œuvres complètes du Pseudo-Denys*, Paris, 1980 年，67–176 頁にて M. de Gandillac

DIADOQUE DE PHOTICÉ, *Cent chapitres*. 校訂本および訳は DIADOQUE DE PHOTICÉ, *Oeuvres spirituelles*, «Sources chrétiennes» 5ter 号，Paris, 1966 年，84s 頁にて E. des Places

ÉLIE L'ECDICOS, *Anthologie*. ギリシャ語本文は PG127, 1129–1148 および *Philokalia tôn ierôn nèptikôn*, II 巻，Athènes, 1984 年，289–298 頁．訳は *Philocalie des Pères neptiques*, VII 巻，Bellefontaine, 1986 年，129–141 頁にて J. Touraille

EUSÈBE, *Histoire ecclésiastique*. ギリシャ語本文，訳は G. Bardy, «Sources chrétiennes» 31, 41, 55 号，Paris, 1952, 1955, 1958 年

ÉVAGRE LE PONTIQUE, *Traité de l'oraison*. PG79, 1165–1200. 訳文は I. Hausherr, *Les Leçons d'un contemplatif. Le Traité de l'Oraison d' Évagre le Pontique*, Paris, 1960 年

——. *Traité pratique ou Le Moine*. 本文の校訂および訳は A./C. Guillaumont, «Sources chrétiennes» 171 号，Paris, 1971 年

——. *Des diverses mauvaises pensées*. PG79, 1200–1233; PG40, 1240–1244. 章を補足しての校訂刊行は，*Ā travers la tradition manuscrite d'Évagre le Pontique*, Louvain, 1932 年，47–55 頁 にて J. Muyldermans

GRÉGOIRE DE NAZIANZE, *Poèmes moraux*. PG37, 521–968

——. *Discours II*. 校訂および訳は J. Bernardi, «Sources chrétiennes» 247 号，Paris, 1978 年

——. *Discours XIV*. PG35, 858–910. 訳は *Riches et pauvres dans l'Église ancienne*, «Lettres chrétiennes» 6 号，Paris, 1962 年，105–147 頁にて F. Quéré-Jaulmes

——. *Discours XVIII*. PG35, 985A–1044A

——. *Discours XXVIII*. 校訂および訳は P. Gallay/M. Jourjon, «Sources chrétiennes» 250 号，Paris, 1978 年，101–175 頁

——. *Discours XXXII*. 校訂は C. Moreschini, 訳は P. Gallay, «Sources chrétiennes» 318 号，Paris, 1985 年

——. *Discours XLIII*（Éloge de Basile）．ギリシャ語本文，訳は GRÉGOIRE DE NAZIANZE, *Discours funèbres*, «Hemmer et Lejay», Paris, 1908 年，58–231 頁にて F. Boulenger

——. *Lettres*. 校訂および訳は P. Gallay, I 巻および II 巻，«Collection des Universités de France», Paris, 1964 および 1967 年

GRÉGOIRE DE NYSSE, *La Création de l'homme*. PG44, 128–256. 訳文は J. Laplace, «Sources chrétiennes» 6 号，Paris, 1944 年

——. *De anima et resurrectione*. PG 46, 12–160

——. *Homélie : De mortuis*. PG46, 497–537

——. *Dicours catéchétique*. ギリシャ語本文，訳文は L. Méridier, Paris, Picard, «Hemmer et Lejay», 1908 年

——. *Homélies sur les Béatitudes*. PG44, 1193–1301. 訳文は J.-Y. Guillaumin/G. Parent, «Les Pères dans la foi», Paris, 1979 年

——. *Homélies sur le Notre-Père*. PG44, 1120–1193. 訳文は GRÉGOIRE DE NYSSE, *La Prière du*

AUGUSTIN, *La Cité de Dieu*. 本文は B. Dombart と A. Kalb のものの第 4 版. 訳は G. Combès, 5 巻, Paris, 1959-1960 年

——. *De Genesi ad litteram*. PL34, 219-486

BARSANUPHE, *Lettres*. Nicodème l'Hagiorite 版, Venise, 1816年, 再刊は S.N. Schoinas, Volos, 1960年. 訳は L. Regnault, P. Lemaire および B. Outtier. BARSANUPHE et JEAN, *Correspondance*, Solesmes, 1972 年に所収

BASILE D'ANCYRE, *De la virginité*. PG30, 669-780. 訳は BASILE D'ANCYRE, *De la véritable intégrité dans la virginité*, Saint-Benoît, 1981 年にて C. Coudreau

BASILE DE CÉSARÉE, *Grandes Règles*. PG31, 889-1052. 訳は SAINT BASILE, *Les Règles monastiques*, Maredsous, 1969 年, 43-151 頁にて L. Lèbe

——. Homélie: *Dieu n'est pas la cause des maux*. PG31, 329-353

——. *Homélies sur l'Hexaéméron*. 校訂および訳は S. Giet, «Sources chrétiennes» 26bis 号, Paris, 1968 年

——. *Sur l'origine de l'homme* (*Hom. X et XI de l'Hexaéméron*). 校訂および訳は A. Smets と M. van Esbroeck, «Sources chrétiennes» 160 号, Paris, 1970 年

——. *Lettres*. 校訂および訳は Y. Courtonne, «Collection des Universités de France», Paris, 1957 年 (I 巻), 1961 年 (II 巻), 1966 年 (III 巻)

CALLINICOS, *Vie d'Hypatios*. 校訂および訳は G.J.M. Bartelink, «Sources chrétiennes» 177 号, Paris, 1971 年

CLÉMENT D'ALEXANDRIE, *Le Protreptique*. ギリシャ語本文, 訳は C. Mondésert, «Sources chrétiennes» 2 号, Paris, 1949 年

——. *Le Pédagogue*. Livre I: ギリシャ語本文, 訳は M. Harl, «Sources chrétiennes» 70 号, Paris, 1960 年. Livre II: ギリシャ語本文, 訳は C. Mondésert, «Sources chrétiennes» 108 号, 1965 年. Livre III: ギリシャ語本文, 訳は C. Mondésert と C. Matray, «Sources chrétiennes» 158 号, Paris, 1970 年

Collections grecques de miracles. 校訂および訳は A.J. Festugière, Paris, 1971 年

CYPRIEN DE CARTHAGE, *Sur la mort*. PL4, 583-602. 訳は CYPRIEN-AMBROISE, *Le Chrétien devant la mort*, «Les Pères dans la foi», Paris, 1980 年, 19-36 頁にて M.-H. Stébé

——. *Ā Donatus*. 本文の校定は W. Hartel, *S. Thasi Caecili Cypriani opera omnia*, «Corpus Scriptorum Ecclesiasticorum Latinorum», III, 1, Vienne, 1868 年. 訳は *Saint Cyprien*, «Les Écrits des saints», Namur, 1958 年, 20-38 頁にて D. Gorce

——. *Quod idola dii non sint*. 本文の校定は W. Hartel, *S. Thasi Caecili Cypriani opera omnia*, «Corpus Scriptorum Ecclesiasticorum Latinorum», III, 1, Vienne, 1868 年

——. *Ā Démétrianus*. 本文の校定は W. Hartel, *S. Thasi Caecili Cypriani opera omnia*, «Corpus Scriptorum Ecclesiasticorum Latinorum», III, 1, Vienne, 1868 年. 訳は *Saint Cyprien*, «Les Écrits des saints», Namur, 1958 年, 122-138 頁にて D. Gorce

CYRILLE D'ALEXANDRIE, *Commentaire sur l'épître aux Romains*. PG74, 775-856

CYRILLE DE JÉRUSALEM, *Catéchèses baptismales*. PG33, 332-1057. 訳は J. Bouvet, «Les Écrits des saints», Namur, 1962 年

CYRILLE DE SCYTHOPOLIS, *Vie de S. Sabas*. 本文の校訂は E. Schwartz, «*Texte und Untersu-*

参考文献

この参考文献一覧は本書で取り上げた著作に限定してある．出典一覧では，参照した原典およびよく利用した訳書を，順次掲載した．

出典

1. 典礼文書

MERCENIER(E.) *La Prière des Églises de rite byzantin*, 巻 I と II/1, 第 2 版, Chevetogne, 1937 および 1953 年

2. 教父文書

À Diognète. 校訂および訳は H.-I. Marrou, «Sources chrétiennes» 33 号, Paris, 1951 年

AMMONAS, *Lettres*. ギリシャ語本文の校定は F. Nau, *Patrologia Orientalis*, XI, 4. 古典シリア語, グルジヤ語およびギリシャ語からの訳は B. Outtier 師と L. Regnault 師, «Spiritualité orientale» 42 号, Bellefontaine, 1985 年

Apophtegmes：1）アルファベット順の叢書 (alph.): PG65, 71-440, 補遺は J.-C. Guy, *Recherches sur la tradition grecque des* Apophtegma Patrum, «Subsidia Hagiographica»36 号, Bruxelles, 1962 年, 19-36 頁．訳は J.-C. Guy, *Les Apophtegmes des Pères du désert. Série alphabétique*, «Spiritualité orientale» 1 号, Bellefontaine, 1966 年, 17-317 頁

2）未刊ないしあまり知られていない格言の編纂および解説は L. Regnault 師. ギリシャ語からの訳（N.PE）をはじめラテン語（R.Pa, M）, 古典シリア語（Bu）, アルメニア語（Arm）, コプト語（Eth Coll）およびエチオピア語（Eth Coll, Eth Pat）からの訳はいずれもソレム大修道院の修道士による．*Les Sentences des Pères du desert. Nouveau Recueil*, Solesmes, 1970 年

3）作者不詳のアルファベット順叢書の補遺, ギリシャ語の系統的叢書の補遺（I-XXI, H, QRT），格言のラテン語からの訳（PA, CSP），格言のコプト語からの訳（AM）は L. Regnault 師, *Les Sentences des Pères du désert. Troisième Recueil*, Solesmes, 1976 年

ARNOBE DE SICCA, *Adversus gentes*. PL5, 713-1288

ATHANASE D'ALEXANDRIE, *Discours contre les païens*. 校訂と訳は P.T. Camelot, «Sources chrétiennes» 18bis 号, Paris, 1983 年

——. *Sur l'Incarnation du Verbe*. 校訂と訳は C. Kannengiesser, «Sources chrétiennes» 199 号, Paris, 1973 年

——. *Vie d'Antoine*. PG26, 835-976. 訳は B. Lavaud の *Vie des Pères du désert*, «Lettres chrétiennes» 4 号, Paris, 1961 年, 21-91 頁

ナ　行

ハ　行

マ　行

ヤ　行

ラ　行

人名索引

訳者あとがき

本書は Jean-Claude Larchet, *Théologie de la maladie*, Les Éditions du Cerf, Paris, 2001（第三版）の全訳である。人名索引は訳者の作成になる。

I

著者は一九四九年生まれ。フランスを代表する教父学、東方正教神学の研究者として知られる。哲学と神学の博士号を取得し、フランス大学評議会の審査にもとづく教授資格をもつ。長年教壇に立つかたわら、研究者としても知られており、東方正教の主要な神学者の一人とされている。

その著作は教義神学や教会学、教父学、寓意図像学《イコノロジー》など多方面に及び、これまでに著した著書はギリシャ教父にかんするものなど三十冊以上にのぼる。とりわけ『証聖者 聖マクシモスにおける人間神化』（一九九六年）や『証聖者 聖マクシモス』（二〇〇三年）をはじめとする教父・聖マクシモスにかんする著作は国際的な評価を受けている。

著者は、教父学の視点から人間学、倫理学にも取り組み、なかんずく現代医療と治癒、健康と病気、身体の意味にかんする考察をつづけている。この分野でのおもな著作には、本書をはじめ『霊的病の治療』

（一九九一年）、『心の病の治療』（一九九二年）、『これはわたしの身体』（一九九六年）、『神は人間の苦痛を望まない』（一九九九年）、『病気、痛みそして死を前にしたキリスト者』（二〇〇二年、二〇一七年新版）がある。また『身体の神学』（二〇〇九年）は、原初のアダムから復活のキリストまでの身体を論じたもので、本書とともに表題に神学という術語を用いている点で注目される。また東方正教の観点から記述した『生殖医療の倫理』（一九九八年）や、キリスト者として生命倫理を考察した『苦しまない、恥じることのない安らかな最期』（二〇一〇年）を公刊している。最近では、『師父たちに従って、司祭ゲオルギイ・フロロフスキイの生涯と著作』（二〇一九年）がある。

これら一連の著作に関連して、本書の神学がその後、著者自身の手によって深化されていることを付記しておきたい。このうち上記の『神は人間の苦痛を望まない』は、およそ十年を経て、二〇〇八年に第二版が公刊され、「病気」を表題とした本書にたいして、「苦痛」もしくは「痛み」を主題としたものとなっている。このように本書が取り上げている主題は、その後の著者の一連の研究・考察をつなぐ、その「出発点」ともなった労作として位置づけることができる。

これらは十八か国語に翻訳されている。本書の初版は、約三〇年前の一九九一年に刊行されたが、これまで和訳されることがなかった。しかし病気に焦点をあてた本書の主題は、高齢社会や現代医療の渦中に生きるわれわれにとって、すでに乗り超えられた旧聞に属する内容であるはずもない。むしろ死の「前段」ともなりうる病気について考えるうえでの、貴重な「参照枠」をわれわれに提供するものといえよう。

本書の骨子は以下のとおりである。

序文で著者は、現代の医学が疾患もしくは器官を治療し、病気や痛みを技術的な、身体の範囲で扱うものとなっていることを問題提起する。その背景には科学技術の進歩にたいする無限大の信奉があり、それはまた病人の非人格化を進行させている。その結果、人間同士の関係や人間を特徴づける霊的な次元が欠落する。身体はある面で人格そのものなのであり、霊的な次元を抜きに扱うことはできないのである。この霊的な次元を考慮するとき、はじめて病気という試練を乗り越えることもできる。本書は、聖書や伝承を重んじる東方教会の教父たちの教説を参照することによって、病気や痛み、健康をわれわれがどう受け止めるべきなのかを提起する。

第一章は、「病気の淵源へ」と題され、病気や痛みが神によってつくられたものではないことがまず叙述される。神によって創造された原初の人間は、神の恵みとみずからの自由意志とによって、完全性に生きる状態、すなわち非腐敗性と不死性をもった健康を享受していた。ところが、自由意志の乱用によって人間は「楽園からの追放」、すなわち神から離反し、おのれの本性に腐敗性や死を、そして病気を招き入れたのである。これが病気の淵源である。そうした人間の本性は子孫に移転し、人類全体の宿命となる。罹病は人間が負わなければならない災いであるが、キリストの受肉と復活とによって、人間の本性は再生され、病気からも解放される。しかし、その場合も人間は、その自由意志によって、キリストに同化するための努力を求められる。このため万物が最終的に再生するのは、すなわち病気や死からいっせいに解き放たれて、受苦不能な永遠の状態に入るのは、神の定めた「終わりの時」となる。そして著者は魂が身体に及ぼす影響についても言及する。「魂と身体の最高の医者」による人間本性の完全な治癒によってこそ、すべての病気の終焉が保証されるのである。

第二章は、病気がもつ深い意味についての考察である。病気であっても、そこから大きな霊的な果実を引き出すことができる。そのためには病気が神から離反した出来事、すなわち人間の思いあがりに由来することを想起する必要がある。病気によって人間はいわば正気にかえるのであり、神は病気において人間を救う意志を示している。病気とその苦しみは、救いの行程にそってキリストに付き従うことなのである。ここにいたって病気や苦しみの意味が逆転する。それはまた、修養の機会であり、堅忍や謙虚の源泉となり、霊的に成長する原動力ともなりえる。そのためにも人間は覚醒し、神の望みを自分の欲求に優先させて、感謝の行為として、忍耐強く祈らなければならない。それこそが病気の霊的な意味なのである。

第三章は、主として東方キリスト教会の観点からの「治療」をめぐる叙述である。ここでは第二章の論点に裏側から光があてられる。病気は、神を称えるうえで人間の精力を浪費させる。したがって病気と闘うこと、治癒に手を尽くすことが重要になる。そもそもキリスト自身が、病気や身体の障碍に苦しむ人びとを治癒する「魂と身体の医者」であった。そしてその療法として、祈りをはじめ聖油の塗油や十字架のしるし、祓魔式が列記される。キリスト教世界は世俗的な医術を取り入れながら広まった。だがその根底に「神こそがただ一人の医者である」という視座があることを再確認することが求められる。医術も薬剤も神からの贈り物であり、キリスト者にとって治癒は神がもたらすのである。人間は肉体だけの存在ではない。病気も治癒も神のうちにあって生きられるのでなければならない。われわれは肉体や精神の治癒、あるいは健康を願うだけでなく、身体と魂、そして霊からなる人間存在の全面的な救いを見出さなければならない存在なのである。本章の最後の二節では、復活による人間のきたるべき非腐敗性と不死性の再生が展望される。ここに至って、著者の「病の神学」は病気の淵源を説いた第一章とつながり、その壮大な神学の円環が閉じられる。

本書の特色はあくまでも病を論じていることである。生からいっきに死を論じたり、その逆を提起したりするものとしていない。人間は、それが不慮の死でもないかぎり、かならずや「病気」を介して死に至る存在である。「病の神学」が求められる所以である。

Ⅱ

本書を読むと、じつに多くの先人が人間の病気を考察の対象としてきたことがわかる。そうした「病」にかんする神学的な先行研究が、キリスト教世界において、また近代以降においてどのように行われ、深められてきたのか、その系統的な記述がもつ価値はいかほどであろう。もとよりその探究は門外漢の管見の及ぶところではない。だがたとえば神学的な考察として最初に病気（もしくは身体の障碍）に触れたのは「わたしの肉体には棘があたえられた」（二コリ 12, 7）と記すパウロ神学であろうか。つづく教父神学にみられる膨大な先行研究は本書が取り上げているとおりである。またルターの「十字架の神学」（十六世紀）は、人間がその苦難において十字架のキリストと結ばれるのであり、苦しみをつうじて神の存在と愛に触れる経験をもつことになると捉える。それゆえ「十字架の神学」をひとつの「病気の神学」と捉える見方も可能となる（江口再起、二〇〇三年）。

著者ラルシェは、その『神は人間の苦痛を望まない』のなかで、これまでのキリスト教が苦痛を弁護し、価値づける宗教でもあったことを指摘している。ラルシェは、キリストは人間を苦痛から解放するためにこの世に遣わされたのであり、キリスト教は基本的に「苦痛」の宗教なのではなく、「至福」のそれであることを強調する。そして「苦痛」「痛み」への偏重が、なかんずく西方教会において顕著であり、受難と十字架のキリストに光をあてることによって苦痛そのものが追究されてきたきらいがあると考える。彼はまた、その底流に、西方教会に根を張るアウグスティヌスの原罪論や聖書の読解の仕方が与えた影響を見出している。

海外における最近の動向については、「福音主義神学」三九号の文献リストが参考になった（渡辺睦夫、二〇〇八年）。「病気（と癒し）の神学」を俯瞰するうえで貴重な文献の一覧である。一読してわかることは、どちらかといえば「ケア」に焦点をあてた研究が世界の潮流となっているようである。

日本では、北森嘉蔵の『神の痛みの神学』（一九五八年）が、神の痛みを神の本質として捉え、神の痛みに奉仕する者は自分自身の痛みを負わなければならないと捉える。また滝沢克己のいわゆる身心論（一九九一年）もあげることができるかもしれない。「手をかざすわざ」による病気の快癒、そうしたわざを引き起こす神の働き、すなわち神の奇蹟について叙述し、霊の癒しが病気の癒しと切り離せないことを指摘する。

イエス・キリストの十字架上の「苦しみ」をめぐる包括的な論考として、もうひとつあげなければならないのが、ローマ教皇ヨハネ・パウロ二世の使徒的書簡『サルヴィフィチ・ドローリス　苦しみのキリスト教的意味』であろう。「人間の救い（罪の贖い）は、キリストの十字架をつうじて、すなわちそこにおける苦悶をとおして、なし遂げられた」のであり、「苦しみは人間が霊的に成熟する場への招き」であるとする。キリストは人間が苦しむ理由を説明するかわりに、「わたしについて来なさい」（ヨハ 21, 19）と述べて、われわれをキリストの道へと召命し、十字架へと誘うのであり、そのとき救いとしての苦しみ、痛みの意味が全面的に開示される。そして「自分の十字架を担う」者（マタ 16, 24）、自分と他者の苦しみを直視する人間に向かって、キリストは「それはわたしにしたことである」（マタ 25, 40）と語りかける。ヨハネ・パウロ二世は、「苦しみの福音」とその意味について語っているのである。

Ⅲ

医術の歴史は、古代エジプトをはじめ、バビロニア、古代ギリシャ・ローマ、中国、イスラム世界で発展をみた。しかしビザンティンの修道院で「病院」の原型が誕生し、それらがヨーロッパの近代医学へとつながることになった。世界で猖獗をきわめる新型コロナウィルス感染症問題では医療が人類の心強い味方であることをあらためて立証している。だが医学には、科学技術と同様に、「両義性」がある。医学の進歩で根源的に失われようとしているものがないのか、どうか。たとえば人間が年齢相応に衰えて死ぬという摂理、すなわち自然死は過去の事象となりつつある。老いて、最後は自分の口から食べ物を摂取できなくなるときがくる。だが人間がそうした自然死を迎えることはひどくむずかしくなっている。老衰はかつて病気ではなかったはずだが、いまではなんらかの病名がつけられる。そして有効な治療ができなくなった病者にかぎりなく「灰色の領域」の延命処置が待ち受けている。肉体に針が刺さらなくなるまで点滴がつづけられたりもする。葛藤する病者本人と困惑する家族とがそのあいだを右往左往する。命の閉じ方は明瞭な工程でなくなった。なぜ治療するのか。治癒や健康が好ましいのはなぜか。日ごろから考えておかなければならないようである。

現代医療では緩和ケアが重視されるようになった。現代人がこれまで以上に疼痛、痛みを拒絶していることがその背景にある。だがこれを裏返せば、現代社会において痛みのもつ意味が薄れてしまったことを、それは意味する。それにたいし著者ラルシェ〔そして教父〕は、病気の苦しみや疼痛を天から与えられた贈り物と捉える。それは霊的に向上する機会でもあるからである。たしかに「神のあらゆる被造物のなかで、人間だけが「主の受難と死」をまねることができる」（G・A・マローニィ）。痛みを少しでも忌避しようとする現代医療の内側に棲むわれわれにとって、これは「異次元」のメッセージであり、限られた人だけが通れる「狭き門」「針の孔」と映る。十字架上の神の子イエス・キリストは与えられた「胆汁を混ぜた酒」を拒み、麻酔なしの苦みを耐えた。とはいえ著者は疾患の治療や疼痛にたいする薬の使用自体を否定していないことも付けくわえておきたい（前掲『神は人間の苦痛を望まない』第七章）。

Ⅳ

ヨハネ・パウロ二世は、文字通りおのれの肉体の痛みを背負って生きた教皇として記憶される。教皇がなんらかの病を患っていることは、そうとう以前から公知の事実であった。司式するその荘厳ミサにおいて手の震えがとまらない姿がテレビ放送で伝わり、教皇自身も隠すことをしなかった。そして病名がパーキンソン病であることが判明する。

二〇〇五年一月、ヨハネ・パウロ二世はついに入退院を繰り返すようになった。入院先をイタリアの厚生大臣やローマ市長が見舞いに訪れるのが目撃された。二月十六日、訳者は教皇庁内で教皇の死去に備えるよう極秘裏の指示が出されたとの情報を入手した。教皇は、一月の入院時には九日間で退院しているが、気管切開の手術を施した二月は十八日間の入院となる。公に姿をあらわすこともなくなった。

教皇庁内の自室に医療器具がもちこまれ、ヨハネ・パウロ二世は病院ではなく、教皇庁内の自室で最期を迎える。それは本人の固い意志であった。教皇の回勅『いのちの福音』（一九九五年）は延命処置の放棄を容認している。ヨハネ・パウロ二世は寝室で病者の塗油を受け、立ち会った人びとに最期の別れの言葉を述べたという。三月末、高熱と血圧の低下が伝えられ、事態が不可逆的な方向に進んでいることはだれの目にも明らかとなった。翌四月一日の早朝、教皇庁から「ヨハネ・パウロ二世が重体に陥った」との発表がなされ、二日夜の九時三七分に死去したとの訃報が公表される。病の徴候が見られはじめてから少なくとも十年にわたる長い道のりであった。相前後して、静まりかえる教皇庁宮殿内の照明がいっせいに灯された。そして三日に鎮魂ミサ、八日に葬儀、埋葬、これと平行して枢機卿による教皇選出選挙《コンクラーベ》の準備がはじまった。

思い返せば、ヨハネ・パウロ二世は、生前記した多くの公式文書で、本書に登場する教父ヨアンネス・クリュソストモスをたびたび取り上げている。教皇の母国ポーランドは、堅固なカトリック国として知られる。しかしその信仰には東方教会の霊性、すなわち復活を重視し、苦痛と死に打ち勝ったキリストに焦点をあてる霊性が息づいているのかもしれない。

V

本書は、昨今注目を集めているスピリチュアル・ケアや全体観的《ホリスティック》医学、終末医療、緩和ケア、グリーフケアといった「人間性」「人格性」を核とした医療の範疇を考えるうえで参考になるはずである。訳書には、たしかにキリスト教の術語や、とりわけ東方教会の修辞・伝承が多用されてはいるが、そこに展開するもろもろの表象から読み取ることのできるメッセージは、生老病死に例外なく絡み取られた人間が知りたいと思うそれである。そのためにも、翻訳にあたってはキリスト教会でひろく用いられる独自の用語法を、不十分とはいえ、語義にしたがって可能なかぎり「中性的」な訳語に置き換えるように努めた。「宗教的包括主義」を超えて、神的実在への関心を深化する手立てとなることを願ってのことである。

本書を病気を主題としたひとつの語り《ナラティヴ》として読み解き、この訳書が、キリスト教の術語やそれが描いてみせる各種のキリスト教的なシェーマの下層に、教派にとどまらず宗教をさえ超える「深層モデル」をわずかでもかいま見る手助けとなるならば本望である。

二〇二〇年（東電福島原発メルトダウン事故第九年）
夏山の雲わく　原山にて

訳　者

病という苦を超えて

南山大学名誉教授　大森正樹

今から何十年も前に、ある知人が地方の小さな町で亡くなられた。そのときある人が、もしもっと医療の完備したところにおられたのなら、きっと命が助かったことだろうに、と言われた。あの頃、人には医療に対する素朴な信頼があったように思う。しかし医療・科学に対するこの素朴さが盲信になったとき、われわれの視野から死が遠ざかる。同時にそれは人間から死という視点を失わせ、われわれを万能の士であるかのように錯覚させる。

いくら医療技術が発達しても、残念ながらわれわれは不老不死ではない。遅かれ早かれわれわれは己の死に直結する状況に直面する。みずからの存立の基盤を失っているかのように見える現代人には過酷な運命が待っているのだ。

たとえば精神（魂）と肉体を対比させ、どちらかに優位をつけようとする考え方はどこか安易な解決策のように思える。むしろその両者を含む全体としての人間の現実の姿をわれわれは虚心坦懐に見ていく必要があるだろう。著者、ラルシェの属する東方キリスト教の世界では、人間を全体として捉える思考が、西方キリスト教に比べて勝っているように見える。東方キリスト教をその根底から支える修道生活においては、霊的生活の基本は魂の治癒にある。われわれの精神・魂が病んでいれば、いくら肉体の治療を施しても、その治療の効果は短期間のみに終わり、永続的な全体としての健康は得られないのである。個々の疾患に関する知識や技術だけでは、人間を治癒させることはできない。全体的な人としての人間を診る必要があると、一九五〇年代頃、叫ばれ始めたと思うが、昨今はモニターだけを眺め、患者の顔を見ない医師が多いとも聞く。今日、「生権力」によって医師が、国家委託の健康管理者にならないために、また命の選別が行われないために、人間の病や健康を肉体と精神・魂の綜合的見地から診ていく医者が望まれる。

降って湧いたかのような感染症に世界が染まってしまった今、東方キリスト教の霊的伝統から汲み取った「病」へのアプローチは、今こそわれわれが何を目指して生きていかなければならないかを示唆する貴重な道標となるのではないだろうか。

訳者略歴

二階 宗人（にかい・むねと）

1950年，神奈川県大磯町生まれ．早稲田大学卒．パリ・カトリック学院で聖書学を，またロンドン大学東洋アフリカ学院（SOAS）でヘブライ語を修学．記者として福島，パリ，ロンドン，ローマ・エルサレム，ジュネーヴに駐在した．これまでに上智大学神学部非常勤講師や米国フェッツァー財団のプロジェクト顧問を歴任．日本宗教学会会員（宗教間対話）．訳書にシルリ・ギルバート著『ホロコーストの音楽』（みすず書房，2012年），ニコラス・チェア著『アウシュヴィッツの巻物　証言資料』（みすず書房，2019年）がある．長野県在住，楊名時太極拳準師範．

病の神学

発行日………2020年8月27日 初版

訳　者………二階 宗人

発行者………阿部川直樹

発行所………有限会社 教友社

275-0017 千葉県習志野市藤崎6-15-14

TEL047（403）4818　FAX047（403）4819

URL http://www.kyoyusha.com

印刷所………モリモト印刷株式会社

ISBN978-4-907991-63-0 C3016